KB194376

우리는 왜
사랑에 빠지고
마는 걸까

우리는 왜 사랑에 빠지고 마는 걸까

김정섭 지음

끌림의 호르몬부터
사랑의 유효기간까지,
사랑의 모든 순간을 이해하는
5가지 사랑의 과학

반니

사랑을 향한, 인간의 무한한 열정을 탐구하다

사랑이란 감정은 인류에게 주어진 가장 위대한 선물이다. 그래서일까? 사람의 일생은 사랑으로 시작하여 사랑으로 끝이 난다. 존 볼비John Bowlby는 사랑을 부모와 유아 간의 '애착 체계', 부모와 자식 간의 '돌봄 체계', 이성 파트너 간의 '성 체계'로 구분하였는데, 필자는 이런 사랑의 유형 가운데 이성 간의 사랑을 의미하는 성 체계, 즉 '낭만적 사랑'에 전적으로 관심을 두어 이 책을 집필하였다. 필자는 인간관계 연구나 문화예술 콘텐츠 스토리 창작 및 구현에서 이성 간의 낭만적 사랑이 가장 순수하고 아름다우며 탐구 가치가 있는 사랑이라고 판단하였기 때문이다.

남녀는 태어나 자연스럽게 짝을 찾아 사랑을 하게 되며, 평생 사랑을 나누다가 사랑의 추억과 여운을 남긴 채 생을 마감한다. 어떤 이는 평생 달콤하고 행복하고 아름다운 사랑을 경험하고, 또 어떤 이는 부침이 심한 격랑 같은 사랑을 체험한다. 이런 사랑은 어떤 이에게는 어렵게 쌓은 명예나 지위보다 더욱 소중하다. 다만 모든 사랑의 공통점은 누구나 적잖이 아픔을 겪으며 '사랑앓이'를 한다는 사실이다. 사랑은 인간 본연의 가치와 존재감을 나타내기에 그것이 결핍되거나 충족되지 않을 경우 극도의 공허함을 느껴 다른 것들이 무가치하게 여겨지도록 한다. 심지어 큰 실의에 빠지거나 패닉을 겪는 것은 물론 중병을 얻는 경우도 있다. 역사 속에서 사랑을 위해 목숨을 던진 사람이 많은 것도 이러한 사랑의 치명성 때문이다.

사랑은 외부의 자극에 따라 뇌가 명령하여 발산하는 화학물질이나 호르몬에 지배된다. 그렇기 때문에 사랑은 '알 것 같지만 정말 알다가도 모르는 것'이라 흔히 얘기한다. 그래서 예나 지금이나 이러한 달달한 사랑과 로맨스는 인간관계 탐구의 핵심이 된다. 사랑이란 도대체 어떤 것이며, 어떻게 해야 행복하고 매끄럽게 잘 할 수 있을까? 많은 사람이 끊임없이 던지는 질문이지만 그것에 대한 뾰족한 해답은 없다. 사람의 심리 작동 구조가 조금씩 다를 뿐만 아니라 사랑 자체도 직면한 상황에 따라 경우가 모두 달라 획일적인 답을 내놓기 어렵기 때문이다.

실상 이성 간의 낭만적 사랑이라는 것은 종류가 너무 다양하다.

진실한 사랑도 있지만 그렇지 못한 사랑도 있다. 이타적인 것도 있지만 이기적인 것도 있다. 뜨거운 것도 있지만 차가운 것도 엄존한다. 쌍방향인 것도 있지만 가슴 아픈 외사랑도 있다. 수많은 심리 상담센터와 정신과에 사람들이 몰리는 이유도 사랑의 복잡미묘함 때문이다. 사랑의 담론도 학문적으로 철학, 심리학, 종교학, 윤리학, 교육학, 예술학, 커뮤니케이션학, 정치학까지 지평이 확대되고 있다.

어떤 이는 사랑을 제대로 다룰 줄 몰랐다고 고백한다. 어떤 이는 복잡하게 꼬여 있는 사랑의 퍼즐이나 방정식을 평생 풀지 못했다고 하소연한다. 이런 고민은 남녀노소 불문이다. 나이가 들었다고 해결이 되는 것은 아니다. 남자라고 더 의연하고, 여자라고 더 냉정한 것도 아니다. 보다 더 간절한 사람이 더 고민스럽고 아프다. 사랑은 평생 동안 하는 것이기 때문에 그 고민 또한 어린 시절부터 노년기까지 계속된다. 그리스신화에서 '에로스Eros', 로마신화에서는 '쿠피도Cupido'나 '아모르Amor'로 불리는 '사랑의 신'은 사랑을 기쁘게 누리는 자에게는 고마운 존재이지만, 사랑으로 아픔을 겪는 사람에게는 원망스러운 존재일 수도 있다.

인류가 미적 가치를 투영해 창조한 문화예술 콘텐츠도 사랑을 빼놓고 이야기할 수 없다. 특히 극예술의 대본이 그러하다. 그것은 예나 지금이나 차이가 없다. 동양이나 서양이나 다를 바 없다. 세계

각국의 예술 콘텐츠들은 사랑 이야기가 가장 흔하면서도 가장 큰 위력을 발휘하고 있다. 엄혹한 냉전 국가에서도, 경직된 사회주의 국가에서도 사랑 이야기라면 얼굴에 화색이 돈다. 이야기꽃이 핀다. 이런 특징은 예술 장르에서도 마찬가지로 발견할 수 있다. 수많은 시, 소설, 음악, 무용, 드라마, 영화, 연극, 뮤지컬이 온통 사랑 이야기다. 단순한 사랑 이야기부터 복잡한 사랑 이야기까지 그 지평도 넓다.

그렇게 흔한 것이 사랑이라고 하지만, 사람들은 이렇게 흔하고 소소한 사랑 이야기에 밤이 새는 줄 모른다. 극장이나 영화관을 찾아 열광하고, TV를 보면서 마치 자신의 이야기인양 공감하며 울먹인다. 드라마 〈별은 내 가슴에〉, 〈겨울연가〉, 〈대장금〉, 〈별에서 온 그대〉, 〈태양의 후예〉, 여기에 가요 '강남 스타일'. 이렇게 우리나라에 '한류열풍'이란 문화적 소통 기회와 경제적 이익을 안겨다 준 문화 콘텐츠들 역시 모두 사랑이 주조였고, 모티브였다. 이렇듯 실제 인간관계와 문화예술 콘텐츠 스토리텔링의 근간을 이루는 낭만적 사랑은 가장 뜨거운 관심사다.

따라서 필자는 보다 근본적 관점에서 낭만적 사랑에 대한 집중 탐구를 시작하게 되었다. 먼저 오랫동안 문헌연구를 하여 낭만적 사랑의 원리를 다룬 기본 심리 이론을 다섯 가지로 추렸다. 그것은 갈망, 끌림, 애착의 단계를 통해 사랑이 완성된다는 '사랑의

3단계론', 사랑의 기회나 계기를 제공하는 '단순노출 효과', 사랑을 꽃피우게 하는 '핑크렌즈 효과', 사랑을 촉진시키는 '비어 고글 효과', 완전하고 충만한 사랑의 길을 제시하는 '사랑의 삼각형 이론'이다.

이후 관련 논문과 서적을 깊이 있게 탐독 및 분석하여 이론과 실험연구 결과를 실증적으로 비교 점검하였다. 실제 이런 이론들이 현실세계에서 어떤 효과를 발휘하는지 겹겹이 팩트 체크를 하였다. 아울러 로맨스와 직결된 다섯 가지 사랑 심리 이론과 관련하여 그 효과를 직접, 또는 간접적으로 다뤘거나 투영한 문화예술 콘텐츠를 영화를 중심으로 사례를 분석하였다.

필자는 이 책이 미력하지만 행복한 인간관계를 위해 사랑에 다소 미숙한 사람들, 사랑 문제로 고민하는 사람들, 사랑에 능숙하다고 하지만 다시 한번 점검이나 성찰이 필요한 사람들, 그리고 여전히 별이 총총 빛나는 하늘 아래서 아름다운 사랑을 꿈꾸는 모든 사람에게 큰 도움이 되었으면 한다. 글을 쓰는 동안 벚나무 숲 산책길에 본디 다른 잎이었으나 한 잎이 되어 자란 연리엽連理葉을 발견한 것은 그런 진심을 담으란 하늘의 뜻으로 이해하였다.

마지막으로 이 책의 집필과 출간에 도움을 주신 필자보다 더 사랑에 열정적인 필자의 지인들과 큰 힘을 주신 멋진 제자들께 특별한 감사의 마음을 전한다. 많은 분들이 이 책을 접하고 무언가 많이 달라져 이 책의 독서 이후와 이전으로 자신의 사랑 역사가 달리 써졌으면 하는 게 필자의 작지만 간절한 소망이다.

2019년 1월 3일

김정섭 드림

차례

1장

사랑을 시작할 때

3단계를 거쳐 불붙는 사랑

사랑은 도무지 억누를 수 없게 솟구치는, 거부할 수 없는 욕망이다.

Love is an irresistible desire to be irresistibly desired.

로버트 프로스트Robert Frost, 시인

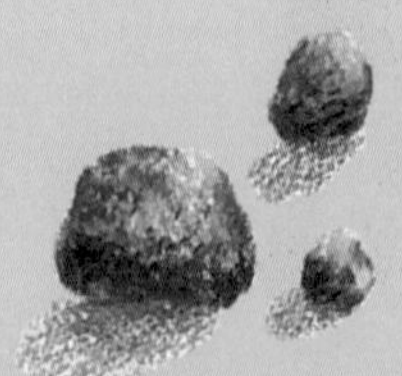

"우연한 모임에서 만났는데 첫눈에 반했다. 정말 뜻밖이었다."

"협력사 비즈니스 파트너였는데 첫 회의때부터 왠지 모르게 서로 끌렸다."

"함께 연수를 하다 보니 비슷한 구석이 많다는 것을 알고 누가 먼저인지 모르게 고백하였다."

"입학했을 때부터 딱 내 스타일이어서 차여도 정성을 다해 다가섰더니 결국 마음의 문을 열었다."

"나중에 보니 대리님의 나에 대한 지속적인 관심이 애틋한 사랑의 표현이란 걸 알았다."

"소개팅으로 만난 후 집으로 데려다 줄 때 능숙하게 후진 주차하는 모습에서 순간 매력을 느꼈다."

사람들이 흔히 말하는 사랑이 시작되는 첫 장면이다. 로맨스로 불타올랐던 심리적 도화선에 대한 남녀의 고백이기도 하다. 이런 이야기가 기본 틀로 깔리는 영화나 드라마에서는 남녀 주인공의 만남이 지극히 우연적이며, 남녀의 결합 또한 필연적이라는 구도가 덧붙는다. 너무 상투적이다. 작품 제작비의 한계로 제한된 수의 배우를 주연급 위주로 캐스팅하기 위해 설정하는 불가피한 구도라고 혹평을 받는 경우도 있지만 결국 만날 수밖에 없는 사이, 이루어질 수밖에 없는 사이임을 강조하기에 중독성이 더욱 크다. 사람들이 누군가를 좋아하는 마음, 사랑하는 마음은 어떻게 시작될까. 사랑은 갈망lust → 끌림attachment → 애착attraction이란 세 가지 디딤돌이나 통과의례를 거쳐 무르익는다. 이를 '사랑의 3단계론Three Stages of Love'이라고 하는데, 이 이론을 중심으로 그 궁금증을 풀어보자.

사랑은 갈망, 끌림, 애착이란 3단계로 전개된다

사회가 넓고 복잡해지고 성性과 사랑에 대한 인식과 행동양식이 다양해지면서 사람들이 사랑을 만들고 그것을 나누는 양태도 몇 가지로 쉽게 일별할 수 없을 만큼 매우 다채로워졌다. 그러나 구애와 교제, 짝짓기, 복제(출산), 부모 역할이란 라이프사이클을 거치면서 겪는 심리적 변화는 개인마다 정도는 다르지만 대체로 일관된 패턴을 나타낸다. 남녀 간의 로맨틱한 사랑을 심리학적으로나 뇌신경과학적으로 분석하면 갈망, 끌림, 애착의 3단계를 통해 완성된다. 이를 인간의 뇌가 명령하는 행동적 특징 요소만을 강조하여

표 1 사랑의 3단계

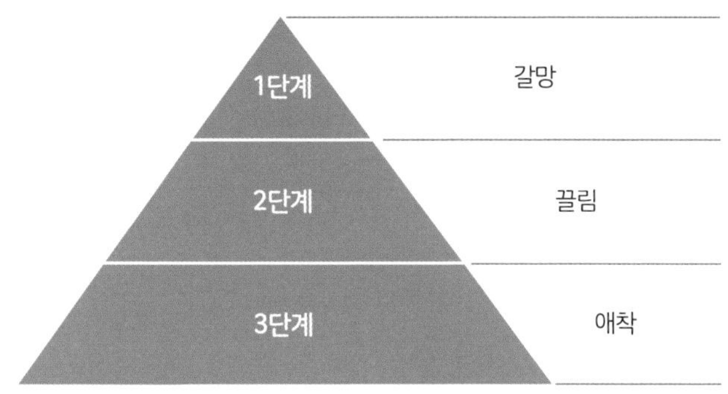

구애courtship, 열정passion, 애착이라 표현하기도 한다. 이를 '사랑의 3단계론'이라 한다.

우리는 보통 개인적 경험의 차이에 따라 사랑은 갑자기 불붙거나 또는 매우 느린 속도로 단순 명료하게 전개될 것이라고 알고 있을지 모르지만 과학적으로 분석해보면 사실은 갈망, 끌림, 애착이란 일정한 절차와 단계를 거친다. 각 단계마다 분비되는 호르몬과 화학물질이 다르고 감정의 결이 다르며 남녀의 매력 요인이 다르기 때문에 사랑이 완성되기까지는 매우 정교하고 복잡한 과정을 거친다는 의미다. 사랑의 진행 속도가 빠르거나 느리거나 간에 이런 내적인 심리적 절차가 남녀 사이에 진행되면서 사랑이 완성되기 때문에 각 단계의 원리와 특성을 잘 알고 그 묘미를 즐기며 정성을 다해 사랑이란 '종합예술'을 완성하라는 의미다.

그렇다. 사랑은 종합예술이다. 종합예술은 모든 예술장르가 결합된 예술 위의 예술이며 발단, 전개, 위기, 절정, 결말과 같은 여러 단계를 거치는 절차의 예술이다. 사랑도 그렇다. 사랑의 이런 특성을 집약한 '사랑의 3단계론'은 인류학자인 미국 럿거스대학교 헬렌 피셔Helen E. Fisher 교수가 인간을 포함한 영장류의 짝짓기, 번식 · 출산, 부모 역할 과정을 연구하여 정리한 이론이다. 그는 《제1의 성The First sex: The Natural Talents of Women and How They are Changing the World》, 《사랑의 해부학Anatomy of love: A Natural History of Mating, Marriage, and Why We Stray》, 《왜 우리는 사랑에 빠지는가Why We Love: The Nature and Chemistry of Romantic Love》, 《성의 계약Sex Contract: The Evolution of Human Behavior》, 《왜 사람은 바람을 피우고 싶어 할까?: 사랑과 배신의 진화심리학Anatomy of Love: A Natural History of Monogamy, Adultery, and Divorce》 등을 저술하였다. 그는 로맨틱한 사랑이 시작되어 완성하기까지 각기 상대에 대한 갈망, 끌림, 애착의 심리적 발전 단계가 나타난다는 것을 규명하였다.

사랑의 3단계론은 프랑스 출신 교회 지도자이자 신학자였던 버나드Bernard가 《신의 사랑The Love of God》이란 책에서 말한 '사랑의 4단계론'과는 명칭만 유사할 뿐 전혀 다른 영역이다. 버나드의 이론은 첫째, 나 자신을 위해 자신을 사랑하는 단계(자기중심적이고 이기적인 사랑), 둘째, 자신을 위해 하나님을 사랑하는 단계(하나님을 사랑하는 이유가 결국은 자기가 잘되고 축복받는 것), 셋째, 하나님을 위해 하나님을 사랑하는 단계(추상적으로 신령 세계에서 하나님의 뜻을 알고 받들며 하나님의 사랑에 감동하는 것), 넷째, 하나님을 위해 나를 사랑하는 마지막 단계(하나님 안에 있는 내가 너무 소중하고, 받은 은혜가 너무 고마워 나, 가족, 나아가 하나님을 위해 나를 사랑하는 것)를 말한다.

피셔가 규명한 '사랑의 3단계론'은 순수한 동기에서 출발한 '이성에 대한 사랑'은 전적으로 뇌의 감정과 동기 시스템emotion-motivation system이 상호 연계되어 작동함으로써 나타나는 결과다. 이성에 대한 사랑은 지극히 원초적인 것이다. 그래서 갈망, 끌림, 애착이란 각 단계마다 뇌에서 도파민dopamine, 페닐에틸아민phenylethylamine, 옥시

'사랑의 3단계론'을 연구한 인류학자 헬렌 피셔.

토신oxytocin, 엔도르핀endorphin 등과 같은 사랑 촉진 호르몬과 화학물질이 풍성하게 생성되어 서로의 짝 사이에 사랑이 깊어지게 함으로써 결국 사랑이 완성 단계에 이른다.

이때 각 감정의 단계는 상호 독립적이며 성적인 표현이나 선호하는 이성의 유형이나 특징에 대해서는 남녀 간에 차이가 나타난다. 2002년 피셔 등에 따르면, 갈망은 최적의 상대를 찾아 성적 욕구가 촉발되면서 짝짓기를 시작하는 과정이며, 끌림은 성적 에너지를 발산하면서 그 가운데 구체적으로 선호하는 짝을 선택하는 과정이다. 마지막으로 애착은 각 종들이 최적의 짝을 선택한 이후에 부모로서 구체적인 의무를 다하도록 번식과 출산 과정에서 서로 협조하는 과정과 연계되어 있는 메커니즘이다.

남녀가 매력을 느끼는 요인은 다르다

버스Buss는 로맨틱한 사랑을 표현하는 성적 욕구의 강도에서는 남성과 여성의 차이가 거의 없다고 결론지었다.[1] 선입견과 달리 남녀의 성욕은 큰 차이가 없다. 버스는 남녀 모두 파트너가 각각 이성 상대가 의지할 만하고, 성숙하고, 친절하며, 건강하고, 똑똑하고, 교육을 많이 받고, 사교적이고, 가정과 가족에 관심이 많을수록 잘

끌리며 매력도가 높아진다고 하였다.(표 2 참조)

그러나 여기서 구체적으로는 남녀 간에 약간의 차이가 존재한다. 바로 남성은 상대인 여성의 젊음과 신체적인 아름다움에, 여성은 상대인 남성의 돈, 학력, 지위에 각각 더 끌리는 경향성을 나타낸다는 것이다. 남성은 여성을 선택할 때 신체적 외양과 미적 요소에 더 끌리는 경향을 나타내지만, 여성은 남성이 가진 현재의 능력과 잠재적인 성공 가능성에 더 끌리는 경향을 나타낸다는 뜻이다. 매우 전통적인 접근법이지만 심리적으로 일리가 있는 결과물이다.

우리나라의 조사 데이터에도 이런 경향이 드러난다. 결혼정보회사 듀오의 듀오휴먼라이프연구소가 2017년 11월 전국 25~39세 미혼남녀 1,000명을 대상으로 '2017년 이상적 배우자상'을 조사한 결과, 배우자 결정시 고려사항 1순위로 남녀 모두 성격(남 35.7%,

표 2 매력적인 이성 상대의 특성에 관한 심리연구 결과

매력적인 이성 상대		
남녀 공통 선호	남녀 선호 차이	
의지할 만한 사람, 성숙하고 의젓한 사람, 친절한 사람, 건강한 사람(활력이 넘치는 사람), 똑똑한 사람, 교육을 많이 받은 사람, 사교적인 사람, 가정과 가족에 관심이 많은 사람	남성	젊은 여성 외모가 아름다운 여성
	여성	재산이 많은 남성 학력이 높은 남성 지위가 높은 남성

여 35.1%)을 꼽았다. 하지만 각론에 들어가면 남성은 성격 외 외모(18.2%)와 가치관(7.6%)을 중요하게 생각했고, 여성은 성격에 이어 경제력(17.3%), 가정환경(9.5%)을 고려한다고 답했다. 결혼을 계획하는 나이는 남성 34.9세, 여성 33.7세였다. 결혼을 반드시 해야 한다는 의견을 낸 응답자는 남성(37.6%)이 여성(25.1%)보다 많았으며, 대체로 소득과 학력이 높은 그룹일수록 결혼을 해야 한다고 답한 응답자가 많았다.

미혼 여성이 바라는 이상적인 남편의 조건은 연소득 4,900만 원, 자산 2억 7,300만 원의 공무원·공사 직원으로 나타났다. 또한 4년제 대졸에 키 177.4cm, 3~4세 연상을 선호했다. 미혼 남성은 연소득 4,200만 원에 자산 1억 8,200만 원을 가진 공무원·공사 직원을 이상적인 아내로 손꼽았다. 여기에 4년제 대졸에 키 164.3cm, 3~4세 연하를 선호하는 것으로 조사됐다. 공무원·공사 직원은 남녀 모두로부터 이상적 배우자 직업 1위(남 13.8%, 여 14.2%)로 꼽혔다. 남성은 공무원·공사 직원에 이어 일반 사무직(12.7%), 교사(11.4%), 의사·약사(10.4%), 금융직(5.5%)을 아내의 직업으로 선호했다. 여성은 의사·약사(9.8%), 일반 사무직(8.8%), 금융직(7.5%), 회계사·변리사·세무사(7.4%) 등 순이었다.

미국에서는 이런 연구 결과도 있었다. 이성 상대에 대해 감정적 친분이 강화되려면 남성들은 여성에 대해 점차 뭔가 구체적인 행동을 해야 하고, 여자들은 이성 남성과 직접 얼굴을 보고 대화를 나눠야 한다[2]고 나타난 것이다. 이런 결과는 성적 감정을 촉발하는 방아쇠도 남녀가 다를 수 있다는 점을 암시한다.

성적 만족감을 갈구하는
애틋한 갈망 단계

그렇다면 구체적으로 피셔가 정립한 사랑의 3단계 이론이 무엇인지 살펴보자. 이 이론에 따라 각각의 단계에서 어떤 행동 양태나 변화가 나타나는지 살펴보는 것은 인간의 순수하고 로맨틱한 사랑을 이해하는 데 매우 유용하다. 아울러 사랑을 성숙시키는 메커니즘을 정확하게 꿰뚫고 이해한다는 점에서도 사랑을 발전시키거나

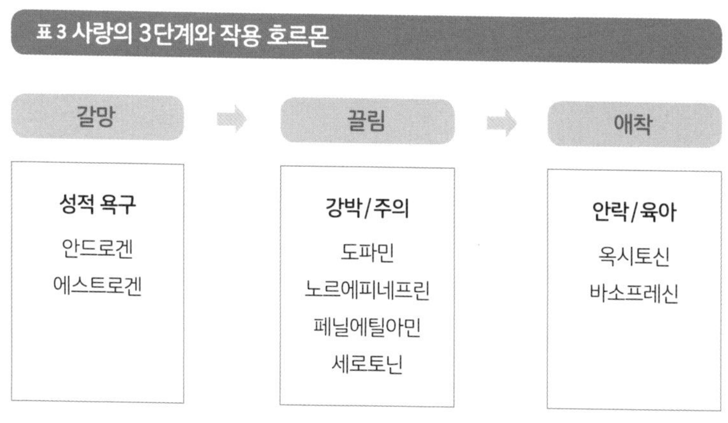

켜켜이 쌓아온 소중한 사랑을 발전시키는 데 도움이 될 것이다.

첫째, 갈망 단계에서는 남녀 서로가 비언어적 행동을 통해서도 신체적으로 가까워진다. 갈망은 성적 욕구로서 프로이트가 말한 리비도libido라고도 달리 표현할 수 있다. 피셔는 이 단계가 성욕, 욕정을 느끼는 순간으로, 구체적으로는 이성 상대에 대해 성적인 만족감을 갈구하는 행위로 특징지을 수 있다고 했다. 이는 성적 호기심과 욕망의 발산, 욕망의 점진적 상승과 고조, 성적 완성의 단계로 이어지는 과정이다. 갈망 단계에서는 계절적인 일조량, 온도, 향기와 같은 후각적 요소와 생태적 요소가 성적 욕구를 촉진하는 역할을 한다.

갈망이란 감정은 성선자극性線刺戟호르몬gonadotropin hormone이 분비되는 뇌의 특정 영역에서 조절된다. 성선자극 호르몬은 여포자극 호르몬과 황체형성 호르몬의 분비를 촉진하는데, 이 두 가지 호르몬이 다시 각각 생식샘으로 하여금 성 에너지인 테스토스테론testosterone과 에스트로겐estrogen의 분비를 촉진함으로써 갈망이란 욕구를 강화한다. 모리스Morris와 그의 동료 연구자들은 테스토스테론과 에스트로겐이 많이 분비되면 성적인 사고와 환상이 뚜렷하게 나타나 섹스에 대한 욕구가 강해지고 성적 행동이 보다 구체화된다는 사실을 밝혀냈다.[3]

실제 이런 호르몬의 분비량이 상대적으로 미약한 시기인 남녀

노인들을 대상으로 실시한 실험이나 실험실 쥐를 대상으로 한 실험에서 이러한 효과가 입증되었다. 피셔는 이러한 성적 욕구가 잠정적 파트너를 찾고 이들에 대한 집중과 선호를 강화하면서 성적 결합을 추구하는 동기를 촉진하는 쪽으로 진화한다고 했다. 사랑에 많은 에너지와 시간을 투여하는 단계라 볼 수 있다.

성적 에너지가 증가하고 강렬한 흥분이 수반되는 끌림 단계

둘째, 끌림 단계에서는 성적인 에너지가 증가하는 데다 잠재적인 짝에 대한 관심과 집중도가 점점 높아지면서 유쾌함, 들뜸, 흥분의 감정이 수반된다. 상대를 강압하고 싶은 마음과 잠정적인 짝인 상대에 대한 감정적 일체에 대한 갈망이 강화된다.[4] 다시 말해 남녀가 서로 상대를 잠재적인 배우자로 생각하는 단계다. 그렇다 보니 상대에 대한 생각이 많아지며 강박 증세가 나타나는 것이다.

본격적으로 사랑에 빠지는 단계라 규정할 수 있다. 이성을 접한 타이밍, 자신과 상대의 건강 상태, 각종 자원들에 대한 접근, 어린 시절의 경험 등 다양한 문화적 요소와 생물학적 요소가 어떤 특정한 이성 상대에 대해 끌림을 느끼는 데 중요한 역할을 한다. 이때 가장 결정적인 역할을 하는 것은 이성 상대를 보고 자극을 받거나 상호작용을 통해 활성화되는 특별한 감정 시스템이다.

끌림 단계에서 주목할 만한 사실은 남녀가 서로에게 소유욕, 질투심, 거절에 대한 두려움, 분리 불안 등을 포함하는 정서적 의지의 신호를 정기적으로 보인다는 점이다. 이 단계에서는 이성 상대와 사랑에 빠지고 성욕을 느끼며 성적 독점의 욕구를 추동하며, 짝이 다른 상대를 탐하거나 그렇게 의심되는 것과 같은 불충에 대한 질투심을 유발하기도 한다.[5] 또한 억압이나 강박, 주의 집중 현상이 동시에 나타나는 과정이다. 끌림이란 감정은 자기도 모르게 발현되는 통제 불가능한 감정이며 이성 상대를 정기적으로 만나지 못하게 하는 신체적, 사회적인 장벽이 있지 않는 한 일반적으로 영속되지 않는다.[6]

이 단계에서는 여러 가지 호르몬이 분비되어 성적 감정과 느낌을 고조시킨다. 보통 아드레날린으로도 불리는 노르에피네프린 norepinephrine이 분비되어 심장을 두근거리게 하면서 땀을 발산시키는 작용을 한다. 또 도파민이 분비되어 쾌감을 촉진하며, 세로토닌 serotonin이 분비되어 일시적인 발광 효과와 강박 증세를 야기한다. 따라서 사랑하는 사람들은 이때 온통 상대에 대한 생각에 빠지고 몰입하게 되어 식욕을 잃거나 잠을 제대로 자지 못하기 일쑤다.

끌림의 단계에서 사랑에 열중하게 되면 페닐에틸아민이란 호르몬이 추가로 분비된다. 이 호르몬은 마음을 편안하고 행복하게 안정시켜 주며 사랑에 빠진 듯 한 들뜬 기분을 만들어주기도 한다. '사랑의 묘약', '천연 마약'이라 불리며 초콜릿에 많이 들어 있다. 운동을 하면 증진되기도 하지만 이별이나 실연을 하면 분비가 중지되어 우울한 감정이 증진된다. 실제 실험 결과, 끌림이란 감정은 실험실 생쥐를 대상으로 분석한 경우에는 지속기간이 짧았으나 인간의 경우에는 기간이 길고 강도도 강렬하여 인간 고유의 특성인 것으로 파악되었다.

이렇게 남녀 관계에서 끌림이 강렬한 단계를 '낭만적 사랑romantic love'이라 규정한다. 낭만적 사랑은 상호간 열정과 육체적 화학반응에 기초하는 '에로스적 유형eros type: passionate love', 러브 게임처럼 비교적 파트너를 자주 바꾸는 '유희적 유형ludus type; game-playing love', 친구 간의 사랑과 같은 '우정적 유형storge type: friendship love' 등 세 가지로 나눌 수 있다.[7] 논리성에 충실하여 쇼핑 리스트처럼 선택하는 '실용적 유형pragma type: logical, 'shopping list' love', 상대에 대한 집착과 의존이 심한 '광적인 유형mania type: possessive, dependent love', 상대에게 모든 것을 주며 헌신하는 '이타적 유형agape type: all-giving, selfless love'은 낭만적 사랑이라 볼 수 없다.

낭만적 사랑을 좌우하는 신체적·성격적 특징

1986년 핸드릭 클라이드Hendrick Clyde와 핸드릭 수잔Hendrick Susan은 대학생 1,807명을 대상으로 42개 문항이 설정된 질문지를 통해 '사랑의 태도에 관한 척도'를 설문조사했다. 그 결과 낭만적인 사랑의 태도에 영향을 주는 요인은 사회적인 성적 정체성gender, 민족, 사랑 경험, 현재 교제 상태, 자부심이라는 결과물을 도출하였다.[8] 낭만적 사랑이란 생리적인 욕구에도 많은 감정적 요인과 사회적 요인들이 작용하고 있음을 알 수 있다. 이 설문은 존 알랜 리John Alan Lee가 1973년과 1976년에 분류한 사랑의 6가지 스타일,[9] 즉 에로스적 사랑, 유희적 사랑, 우정적 사랑, 실용적 사랑, 광적인 사랑, 이타적 사랑을 기본 틀로 삼아 설계한 것이다.

그러나 이런 사회적, 감정적 요인을 도출한 설문 결과와 달리 낭만적 사랑은 근본적으로 생리적 욕구 외에 건강한 체형, 훌륭한 외모, 박력 있는 스타일을 비롯한 신체적 특징과 지성, 친절함, 배려심, 예의, 자상함 등 성격적 특징들에 의해 좌우된다.[10] 가치관, 생활양식, 선호활동, 신념 등에 대한 태도와 선호 면에서 파트너와 어떤 유사성이 있는지도 관련이 된다. 이런 유사성 요소들은 상대에게 직접적인 작용을 한다기보다 상대를 확신하는 촉매제가 되어 자신

표 4 사랑의 태도에 관한 척도

설문 문항 1. 매우 동의 2. 약간 동의 3. 중립 4. 약간 부동의 5. 매우 부동의	1	2	3	4	5
1 나의 연인과 나는 첫 만남 이후 즉시 서로에게 끌렸다.					
2 나의 연인과 나는 바로 신체적인 화학반응이 나타났다.					
3 우리의 사랑 만들기는 매우 강렬하고 만족스럽다.					
4 나는 나의 연인과 '찰떡궁합'이라 느끼고 있다.					
5 나의 연인과 나는 감정적으로 상당히 빠르게 밀착했다.					
6 나의 연인과 나는 정말 서로를 이해한다.					
7 나의 연인은 나의 신체적 미와 외모의 이상적 기준에 부합한다.					
8 나는 내 연인에게 그/그녀에 대한 나의 헌신을 조금도 의심하지 않으려 노력한다.					
9 나는 내 연인이 나에 대해 모르고 있는 부분이 그/그녀에게 상처 주지 않을 거라고 믿고 있다.					
10 나는 가끔 두 명의 내 연인이 서로를 알아채지 못하도록 막는다.					
11 나는 애정 문제를 아주 쉽고 빠르게 극복할 수 있다.					
12 내 연인은 내가 다른 사람들과 했던 일들을 알면 화를 낼 것이다.					
13 내 연인이 내게 너무 많이 의존한다면, 나는 좀 뒤로 물러서고 싶다.					
14 나는 다양한 파트너들과 '사랑의 게임'을 즐기고 있다.					
15 나는 어디서 우정이 끝나고 사랑이 시작되는지 정확히 말하기 어렵다.					
16 진정한 사랑은 먼저 잠시 동안의 보살핌을 필요로 한다.					
17 나는 내가 사랑하는 사람과 항상 친구가 되기를 기대한다.					
18 최고의 사랑은 오랜 우정 속에서 자란다.					
19 우리의 우정은 시간이 흐르면서 점차 사랑으로 발전하였다.					
20 사랑이란 알 수 없는 신비로운 감정이 아니라 깊은 우정이다.					
21 나의 가장 만족스러운 애정관계는 좋은 우정으로부터 발전해 왔다.					
22 나는 내가 그/그녀에게 전념하기 전에 그 사람의 인생이 어떻게 될 지 고려한다.					

설문 문항 1. 매우 동의 2. 약간 동의 3. 중립 4. 약간 부동의 5. 매우 부동의	1	2	3	4	5
23 나는 연인을 선택하기 전에 내 인생을 신중하게 계획하려 한다.					
24 나는 비슷한 배경을 가진 사람이랑 사랑하는 것이 가장 좋다.					
25 연인을 선택할 때 가장 중요한 고려사항은 그/그녀가 우리 가족을어떻게 대하느냐는 것이다.					
26 파트너 선택 시 중요한 요소는 그/그녀가 좋은 부모가 될지 여부다.					
27 파트너 선택 시 한 가지 고려사항은 그/그녀가 내 커리어를 어떻게 볼 것인가 여부다.					
28 나는 누군가와 맺어지기 전에, 아이를 가질 경우 그/그녀의 유전적 배경(요소)이 나의 그것과 어떻게 조화할지 알아보려고 한다.					
29 나는 애인 사이에서 일이 잘 풀리지 않을 때 속이 뒤집힌다.					
30 내 애정 문제가 터지면 너무나 우울해져 심지어 자살까지 생각했다.					
31 나는 잠을 못 이룰 정도로 가끔 사랑에 빠지는 것이 너무 신난다.					
32 나는 애인이 나에 대해 집중하지 않으면 온몸이 아프다.					
33 나는 사랑에 빠지면 도무지 다른 것에 집중할 수가 없다.					
34 나는 내 연인이 다른 사람과 함께 있다고 의심하면 안심할 수 없다.					
35 나의 연인이 만약 잠시 동안 나를 무시한다면, 나는 그/그녀의 관심을 되찾기 위해 가끔 어리석은 짓을 한다.					
36 나는 어려운 시기에 항상 나의 연인을 돕기 위해 노력한다.					
37 나는 내 연인을 아프게 하느니 차라리 내 스스로 아파하겠다.					
38 나는 내 것보다 연인의 행복을 우선시하지 않는 한 행복할 수 없다.					
39 나는 보통 내 애인을 얻기 위해 나의 소망을 기꺼이 희생한다.					
40 내가 갖고 있는 것은 뭐든지 내 연인이 쓰게 할 것이다.					
41 나의 연인이 나에게 화를 낼 때도 나는 여전히 그/그녀를 전적으로 무조건 사랑한다.					
42 나는 사랑하는 사람을 위해서라면 모든 일을 참고 견디겠다.					

설문 항목 구분

에로스적 사랑 유형 1~7번, **유희적 사랑 유형** 8~14번, **우정적 사랑 유형** 15~21번, **실용적 사랑 유형** 22~28번, **광적인 사랑 유형** 29~35번, **이타적 사랑 유형** 36~42번의 감정을 상대에게 투사하고 서로 공유한 느낌을 더욱 강화하거나 축적하는 기능을 한다.[11] 이성 간의 유사성 추구는 일종의 상호 모방 행위로서 상대와의 교감을 증가시키는 행위를 의미한다.

낭만적 사랑은 어떻게 측정 및 진단할 수 있을까. 피셔는 연구 분석을 통해 끌림이란 감정이 최고조에 달한 낭만적 사랑은 심리적으로 열두 가지 상태에 있을 때라고 진단하였다(표 5 참조). 어느 날 사랑하는 사람이 매우 특별하게 느껴지거나 감정이입을 하여 상대가 불편하게 느낄 수도 있을 정도로 상대를 간섭 또는 통제하고 싶어 하고, 상대의 단점은 눈에 들어오지 않고 장점만 보이거나 무조건 상대가 너무 좋아서 조급한 마음에 내적으로 불안해져 이에 따른 신체반응이 나타나고, 정서적 동일체가 되려 하거나 정서적으로 의존하고 싶어 하고, 좋아하는 마음이 내가 통제하기 어려울 정도로 나도 모르게 작동하고 있다면 둘 사이는 낭만적 사항이 최고조에 달한 경우라 할 수 있다.

특히 사랑하게 되면 낭만적 사랑의 단계에서 상대를 통제하고 싶은 욕구가 발동하는데, 이런 강박 심리에 따라 미국인들의 경우 85%가 일하는 시간에 사랑하는 대상을 생각한다는 조사 결과[12]가 제시되었다. 특히 이 단계에서는 연인들이 각각 사랑하는 상대의 긍정적 자질이나 대상에 주의 집중을 하게 된다. 사랑을 하게 되면 대부분의 사람들이 일하는 시간에도 연인 생각에 빠져 있게 되는

표 5 '낭만적 사랑'에 도달한 끌림의 상태

끌림의 상태	체크(○, ×)
1 사랑하는 사람이 내게 '특별한 의미'로 느껴지며, 이로 인해 한꺼번에 한 명 이상에 대해서는 낭만적 사랑을 느끼는 것이 불가능하다.	
2 통제하고 싶은 감정을 바탕으로 사랑하는 사람을 생각한다.	
3 사랑하는 사람에 집중하여 그 사람의 긍정적인 자질에 집중하거나 결점을 못 본 체해주며, 오히려 단점을 칭찬한다.	
4 사랑하는 사람에 대한 불안정한 정신생리학적 반응을 나타낸다. (흥분, 희열, 들뜸, 환상, 에너지 증가, 불면, 식욕 상실, 수줍음, 안면 상기, 떨림, 말 더듬기, 창백, 심장 통증, 동공 팽창, 호흡 증가, 불안, 초조, 패닉, 두려움 등)	
5 사랑하는 사람과 정서적 동일체가 되고 싶어 정서적 상호작용을 갈망한다.	
6 사랑하는 사람과 정서적으로 의존하는 관계에 이르렀다.	
7 사랑하는 사람에 대해 책임감과 희생을 다하는 등 공감의 정도가 강렬하다.	
8 옷, 상투적인 행동, 습관, 가치 등에 어떤 특별한 느낌과 감명을 새롭게 부여하려는 충동에서 사랑하는 사람의 일상용품을 바꾸거나 재정리한다.	
9 사랑하는 사람과 사귈 때 생기는 역경도 열정이라 크게 느낀다.	
10 매혹적인 사람에 대한 성적 욕구가 생기면 성적으로 독점하려는 욕구가 생긴다.	
11 사랑하는 사람에 대한 성적 일체 욕구 이전에 정서적 일체의 갈망이 선행한다.	
12 사랑하는 사람에 대해 느끼는 열정은 무의식적이며 통제 불능이다.	

데 그때 연상하는 것은 이상 상대 그 자체나 이성 상대가 갖고 있는 모든 요소가 아니라 이성 상대가 갖고 있는 좋은 점이란 뜻이다. 성인 839명(미국인 437, 일본인 402명)을 대상으로 조사한 결과 남성의 73%와 여성의 85%가 사랑하는 사람이 한 사소한 말이나 행동을 모두 기억한다고 답했으며, 남성의 83%와 여성의 90%가 사랑하는 마음을 나눈 소중한 순간을 재현하고 싶다고 말했다.[13]

아울러 낭만적 사랑의 상태에서는 사랑하는 사람과의 성적 일체감 이전에 정서적 일체감이 선행한다. 신체적인 성관계보다 정서적, 심리적으로 먼저 하나가 되는 것이 중요하다는 것을 나타낸다. 실제로 피셔는 서베이를 통해 "사랑하는데 있어서 섹스가 최고다"는 항목에 대해 남성의 58%와 여성의 72%가 동의하지 않았으며 "섹스가 사랑하는 사람과의 관계에서 가장 중요한 부분을 차지한다"는 항목에 남녀 각각 64%가 동의하지 않음으로써 이런 가설이 성립함을 입증하였다[14]고 밝혔다.

안락감을 느끼는 정서적 단일체로 나아가는 애착 단계

셋째, 애착의 단계에서는 평온함과 안락감을 느끼는 데다 이성 상대와 정서적인 결합을 이루면서 긴밀한 사회적 접촉이 나타난다.[15]

옥시토신과 바소프레신vasopressin의 행복감 분출 작용으로 남녀는 각각 서로의 관계가 더욱 밀착되기를 원하며 오랫동안의 갈망을 통해 정신과 신체의 완전한 결합을 위해 서로 하나가 되기로 뜻을 모으게 된다. 결국 결혼에 이르게 되어 정서적 단일체emotional union를 이루며 상호 의지하는 동반자 관계로 변한다.

애착 기능을 하는 옥시토신은 성과 돌봄의 기능에도 관여한다. 여성이 출산하였을 경우 자궁 수축에 관여하며, 모유를 생성하고 분비하는 유선을 자극하며, 모성 행동을 하는 신경전달 물질을 분비하는데 관여한다.[16] 옥시토신은 모유를 통해 전달되어 엄마와 아이가 애착을 강화하도록 함으로써 이른바 '모성 유대maternal bonding'를 촉진하기도 한다. 바소프레신은 사회적 접근을 강화시키고 불안감을 감소하는 역할을 하는데, 특히 짝짓기 이후에 파트너에 대해 강한 유대를 형성하도록 촉진한다.

애착의 단계에서는 심리적으로 가까이 있거나 자주 만날 경우에는 불안은 사라지고 상대와 가까워지고 싶은 감정, 안정과 평화의 희구, 사회적 안락감, 부드럽고 잔잔한 행복감을 느끼며, 자주 만나지 못하거나 떨어져 있을 때는 '분리 불안separation anxiety'을 느낀다. 분리 불안은 애착하는 이성 상대와 떨어질 것으로 예상될 경우 막연히 불안감을 느끼는 심리적 현상을 말한다. 이런 정서가 반복되면 거꾸로 보상 심리가 발동하여 집착 행동을 촉진할 수도 있다.

분리 불안은 나아가 그 정도가 심할 경우 '분리불안장애separation anxiety disorder'에 이르게 된다.

애착 단계에서는 이러한 심리적 기제가 작동함에 따라 인간은 다른 동물과 마찬가지로 거주 영역에 대한 방어(경비), 집(둥지) 짓기, 상호 부양, 몸 단장하기(꾸미기), 부모의 역할과 일 공유하기 등 우리의 일상생활에서 필요한 일들이 촘촘하게 얽힌 행동이 나타난다. 애착은 성인과 유아가 구분된다. 부모에 대한 유아의 애착은 스트레스나 위협을 느낄 때 보호와 편안함을 제공하는 대상에게 의지하는 모습으로 나타난다. 이에 비해 낭만적 관계에서 나타나는 성인 애착은 서로 친밀한 접촉을 원하는 것, 오랫동안 헤어져 있을 경우 고통스러움을 느끼는 것, 스트레스와 위협을 받을 경우 지지를 얻기 위해 파트너에게 의존하는 모습을 보이는 것, 파트너로부터 안전과 신뢰를 얻어낸 다음에는 세상에 대하여 개방적이고 참여적으로 접근하는 것과 같은 행동 양태를 나타난다.[17]

애착 단계에서 뇌는 호르몬이나 화학물질을 통해 행복감을 느끼게 하며 성관계를 할 때 커플들이 심리적으로 상호이해와 협동심을 발휘하도록 한다. 나아가 자녀 생산과 육아 등 부모의 역할도 합심하여 충실하도록 하게 한다. 여성의 경우 출산 후 모유 수유를 할 때 엄마로서 아기와 애착을 강화하도록 촉진하는 현상이 나타난다. 이런 역할은 바로 옥시토신과 바소프레신이 담당한다.

표 6 사랑과 관련된 신경전달 물질과 호르몬

페닐에틸아민	사람들로 하여금 사랑을 하게 하는 자연 각성제 성분의 화학물질이다. 좋아하는 이성 파트너를 보면 좋아하거나 사랑하는 감정을 느낄 때 분비된다. 마약인 암페타민amphetamine과 분자 구조와 효과가 비슷하다. 기분을 좋게 해주고 뇌와 체내의 주요 기관들의 기능을 활발하게 해주는 역할도 한다. 초콜릿 속에 포함되어 있어 먹으면 효과를 볼 수 있지만, 너무 많이 먹으면 과량의 페닐에틸아민이 뇌의 혈관을 조여서 편두통이 발생하는 경우가 있다. 생선 냄새가 난다. 정신분열증 환자의 혈액 속에는 페닐에틸아민의 농도가 높다고 한다.
도파민	동식물에 존재하는 아미노산의 일종으로 뇌신경 세포의 흥분전달 기능을 수행하는 신경전달 물질이다. 특정 신호전달체계를 활성화하거나 억제시키는 방식으로 세포가 흥분하거나 억제되는 정도를 조절한다. 아울러 감정, 욕망, 쾌락, 의욕, 수면, 학습 등에도 관여한다. 의지력이 저하되기 쉬운 알코올의존증 환자의 치료에도 사용된다. 부신수질, 뇌, 교감신경계, 폐, 소장, 간에 많이 분포하며 파킨슨병 치료에 쓰인다. 파킨슨병 환자의 경우 도파민을 분비하는 신경세포가 점차 소실돼 떨림, 경직, 동작 느림, 자세 불안정이 나타나기 때문이다. 도파민이 과다하게 분비되거나 도파민을 노르에피네프린으로 전환시키는 효소가 부족하면 조현증의 원인이 된다.
옥시토신	출산할 때뿐만이 아니라 평상시에도 분비된다. 여성이 출산할 때는 자궁의 민무늬근을 수축시켜 진통을 유발하고 분만이 쉽게 이루어지게 한다. 아울러 산모로 하여금 모유의 분비를 촉진시켜 수유를 준비하도록 돕는다. 평상시에는 '사랑의 묘약'으로 작용하여 신뢰감과 친밀감을 느끼게 한다. 옥시토신은 펩티드호르몬으로 9개의 아미노산으로 구성되어 있다. 간뇌의 시상하부에 있는 뇌하수체는 후엽에서 신장에 작용하여 분비한다.

엔도르핀	포유류의 뇌나 뇌하수체에서 추출되는 고통을 조절하는 신경전달 물질이다. 사랑을 느끼는 경우, 오르가즘을 느끼는 경우, 운동을 한 경우, 정서적으로 흥분을 하였을 경우, 고통을 느끼는 경우, 매운 음식을 먹었을 경우 각각 분비된다. 특히 행복감을 느끼게 해준다. 아편 성분인 모르핀과 동일한 진통 작용이 있어 통증을 완화하고 기분을 좋게 한다. '천연 마약'이라 불리는 '엔도르핀'은 내인성 모르핀endogenous morphine이라는 뜻을 지녔다.
세로토닌	기분을 좋게 하고 행복감을 느끼게 해주는 신경전달 물질이다. 식욕, 수면, 근육 수축, 기억력, 학습에도 영향을 미치며, 혈소판에 저장되어 지혈, 혈액 응고, 혈관 수축 반응에 관여한다. '5-하이드록시트립타민'이라고도 하며, 뇌의 시상하부 중추, 내장조직, 혈소판, 비만 세포에 존재한다. 전체의 약 80%는 소화관 내의 장크롬친화세포에 있다. 세로토닌이 결핍되면 우울증, 불안증이 생긴다. 식욕과 탄수화물 같은 음식물 선택에 있어서 중요한 조절인자로 기능하기 때문에 세로토닌이 증가하면 식욕이 감소하고, 감소하면 식욕 증진 현상이 나타난다고 한다.
멜라토닌	밤과 낮의 길이나 계절별 일조시간의 변화 등과 같은 광주기를 감지하여 생식활동의 일주성, 연주성 등 생체리듬에 관여하는 호르몬이다. 수면 유도 성분이 들어 있어 불면증 치료제로 쓰인다. 멜라토닌의 농도가 높을 때는 생식세포의 발달을 억제하고 낮을 때는 촉진하는 작용을 한다. 특히 생식선자극 호르몬의 분비를 억제하는 작용을 한다. 척추동물의 간뇌間腦 뒷면에 솔방울처럼 돌출해 있는 내분비선인 솔방울샘pineal gland에서 분비되는 호르몬이다. 과량 복용하면 우울증이 생기거나 심해지고 여성의 경우 배란 억제로 임신에 어려움을 겪을 수 있다.

애착 단계에서 체내에서 분비되는 옥시토신이 어떤 효과를 나타내는지 실험실의 생쥐를 대상으로 실제 실험을 했더니 마약을 복용했을 때 느끼는 극도의 행복감이 나타났다. 애착 단계에서는 커플 간에 사랑이 매우 깊어지고 행복 공동체이자 운명 공동체로서의 강한 연대가 형성되는 기간이라 정리할 수 있다.

피셔에 따르면, 각 감정의 단계는 개별적 신경 조직과 연관되어 있으며 구체적 특징을 선보이는 번식 과정을 거치며 직접 진화되었다. 성적 욕구는 주로 에스트로겐estrogens과 안드로겐androgens이 관여하는데, 이것은 개개인으로 하여금 짝과 성적 일체감을 추구하도록 진화되었다.[18] 끌림 구조는 주로 카테콜아민catecholamines이 일으키는데, 이것은 구체적으로 짝의 선택과 짝에 대한 호감과 집중을 촉진하는 기능을 한다.

애착 구조는 주로 펩타이드peptide, 바소프레신, 옥시토신이 일으키는데 이런 물질들은 적극적인 사회적 행동, 그 종족에 국한된 파트너에 대한 부모의 의무를 다하도록 촉진하는 기능을 한다. 그러나 이런 물질들은 만남의 시간이 18~30개월 정도 흐르면 그 분비량이 점차 감소한다. 그럼에도 불구하고 사람의 특성, 갈망 정도, 동기, 기대감 등이 모두 다르기 때문에 실제로는 이 기간을 초과하여 열정적 사랑을 지속하는 경우도 있다. 커플들의 밀착도나 애정관계의 깊이에 따라 이런 호르몬이나 화학물질의 효과가 달라진다는 뜻이다.

세 가지 감정의 단계는 현대 인류에 이를수록 점차 독립적인 과정으로 변하고 있다. 그들이 처한 환경과 생리적 욕구에 따라 짝짓기 과정의 유연성과 짝짓기 전략의 다양성이 확대되고 있기 때문이다.[19]

고전과도 같은 사랑의 3단계 이론이 너무 지루했는지 요즘 네티즌들은 이를 보다 확장 및 응용하여 7단계로 쉽게 접근하였다. 이른바 '사랑의 7단계론'인데 말놀이 같지만 매우 일리 있는 분석이다. 누군가를 운명적으로 만나는 단계I meet you, 상대를 곰곰이 생각하는 단계I think you, 상대를 비로소 좋아하는 단계I like you, 상대에 대한 마음이 싹트고 깊어져 사랑하는 단계I love you, 항상 곁에 있어 주도록 원하는 단계I want you, 항상 자신에게 힘과 위로가 되어주도록 상대를 필요로 하는 단계I need you, 모든 기쁨, 슬픔, 아픔, 고통까지 나누며 온전하게 하나가 되는 단계I am you가 바로 그것이다.

뇌 분야 전문 의사이자 애정관계 전문가인 윌리엄 벤 혼William Van Horn 박사는 저서 《완전한 사랑의 7단계The 7 Steps to Passionate Love: Why Men Are Not from Mars and Women Are Not from Venus》에서 사랑이란 관계의 증진과 완전한 사랑을 보장하는 구체적인 7단계의 실천 원리를 제시하였다. 10년간의 임상 경험과 수천 쌍에 대한 애정

표 7 완전한 사랑의 7단계

1단계	사랑이 무엇인지 알기
2단계	너 자신을 알기
3단계	사랑의 요소들 파악하기
4단계	사랑의 기초 다지기
5단계	사랑 나누기
6단계	정서 치유하기
7단계	사랑으로 문제 해결하기

관계 연구를 통해, 원인 치유와 갈등 해법을 중점으로 분석해 추출한 것이다(표 7 참조).

사랑이 무엇인지 알고 어떤 능력을 발휘하여 어떻게 사랑해야 더 충만하고 풍성한 사랑을 할 수 있는지 나름대로 그 해답을 제시하고 있는 셈이다.

로맨틱한 사랑의 정석 〈클로저〉, 통제 불능의 끌림 〈색계〉와 〈인간중독〉

영화 〈클로저Closer〉를 보면 이런 로맨틱한 사랑의 단계와 그 과정에서 벌어지는 남녀 간의 심리행동 양태가 적나라하게 그려져 있다. 〈클로저〉는 스트립댄서 앨리스(나탈리 포트만), 소설가 지망생 댄(주드 로), 사진작가 안나(줄리아 로버츠), 피부과 의사인 래리(클라이브 오웬)로 각각 설정된 네 남녀의 각기 다른 로맨스를 솔직하게 그려낸 영화로 2004년 미국에서 개봉되었다. 우리나라에서는 2005년 개봉했다가 2017년에 재개봉하며 큰 인기를 누렸다. 제62회 골든 글로브 시상식에서 클라이브 오웬과 나탈리 포트만이 각각 남여조연상을 수상하였으며, 연극으로도 많이 선보였다.

댄은 런던 도심 한복판에서 출근길에 교통사고를 핑계로 앨리스와 눈이 마주친다. 댄은 독특한 사람에 잘 끌리는 변화무쌍한 캐릭터라서 낯선 사람인 앨리스와 금방 사랑에 빠진다. 갈망, 끌림, 애착의 감정이 고조되어 동거를 하게 된다. 댄에게는 운명적이라고 표현할 수밖에 없었다. 앨리스 역시 자기 확신과 직감이 뛰어나고 원하는 대로 살아가는 인생관을 갖고 있기에 솔직하고 대담한 사랑을 그려가는 데 주저함이 없었다. 앨리스의 삶을 소재로 글을 써서 소설가로 데뷔한 댄은 책 표지 사진을 찍기 위해 만난 사진작가 안나에게 새로운 갈망을 느낀다. 심리적으로 강렬한 그 느낌을 거역할 수 없어 노골적으로 접근해 키스를 한다. 앨리스에 대한 갈망, 끌림, 애착이 영속적일 수 없음을 보여주는 대목이다.

상대인 안나는 보통의 여성들처럼 안정적인 것을 추구하는 성향이지만 지루한 일상에 속박되어 이에 대한 탈출구로 댄과 경계의 대상일 수밖에 없었던 사랑에 빠진다. 이 순간만큼은 선택임을 직감하여 큰 주저함 없이 사랑을 감행한다. 안나는 머지않아 댄에게 이미 사랑하는 여자가 있음을 알게 되고, 본래의 취향대로 우연히 만난 피부과 의사 래리와 결혼한다. 래리는 실제 보이는 것, 진실한 것만이 사랑이라 믿는 현실주의자다. 그러나 안나는 댄의 구애가 끊이지 않자 우유부단한 성격을 반영하듯 관계를 지속하다가 댄과 함께 살고 싶어 이혼했다가 다시 우여곡절 끝에 래리와 재결합한다. 상처투성이지만 사랑의 단계에서 나타나는 남녀 간의 적나라한 심리 과정을 묘사하고 있다.

〈클로저〉 외에도 탕웨이와 량차오웨이가 주연한 중국 영화 〈색계 Lust, Caution〉와 송승헌과 임지연이 주연한 〈인간중독〉도 경계해야 할 성적 욕망을 암시하고 있다. 성적 욕망은 이성으로 애써 통제하기 어려울 정도로 강렬하기에 경우에 따라 경계해야 할 대상임을 강조하고 있다. 〈색계〉에서 남녀 간의 갈망은 매우 자연스러운 데다 강렬하여 끌림과 애착까지 급진전하지만 일제 치하의 중국에서 일본군의 앞잡이로 살아가는 권력자(량차오웨이)와 그를 처단하는 임무를 맡은 여인(탕웨이)의 운명적인 적대 관계라면 경계할 수밖에 없을 것이다. 극중 설정된 이성과 본능, 의심과 탐닉, 정치권력과 여성권력이란 대립 구조는 욕망과 경계 사이의 선택에 대한 망설임을 극도로 고조시킨다.

갈망, 끌림, 애착의 미학

〈노트북〉과 〈라라 랜드〉

라이언 고슬링과 레이첼 맥아담스가 주연한 영화 〈노트북〉은 첫사랑의 갈망과 끌림을 강렬하게 표현하면서도 엇갈린 운명이지만 남녀가 서로 진실한 사랑을 추구하는 러브스토리다. 관객들의 가슴속에 오래도록 남아 있는 멜로영화라서 2004년 11월 개봉한 이후 2016년 10월 재개봉하였다.

노아(라이언 고슬링)는 카니발에서 17세 앨리(레이첼 맥아담스)를 보고 그녀의 밝고 순수함에 끌려 첫눈에 반한다. 둘은 빠른 속도로 서로에게 빠져들어 아낌없이 사랑을 한다. '아이스크림 키스신'이 달달한 사랑을 대변해준다. 그러나 이들은 집안의 반대로 이별하게 되고 갑자기 발발한 전쟁은 이들의 사이를 더욱 멀어지게 한다. 헤어진 지 7년, 노아가 하루도 빠짐없이 썼던 365장의 편지가 전달될 리 없지만 애착으로 발전한 노아의 사랑을 상징한다. 앨리와 약속했던 하얀 집을 짓고 기다리는 그의 사랑은 한결같았다.

뮤지컬 영화 〈라라 랜드La La Land〉는 도로에서 우연히 알게 된 남녀가 짧은 접촉 이후 다시 우연히 만나 여러 번 데이트를 하면서 갈망, 끌림, 애착의 단계로 급속하게 불이 붙어 동거로 발전하는 사랑 이야기를 다루고 있다. 배우 지망생 미아(엠마 스톤)와 재즈 피아니스트 세바스찬(라이언 고슬링)은 고가도로 위에서 만난다. 그곳은 이미 뜨거운 태양 아래 주차장이나 다름없이 변한 숨 막히는 도로, 진행을 멈춘 자동차, 요란한 굉음의 경적 소리, 승용차에서 내려 밖으로 나와 자동차 지붕 위에서 노래하고 춤추는 장면, 격렬한 서전트점프를 하거나 활기차게 도약하는 장면이 펼쳐진다.

이런 설정은 사랑이 지닌 속성인 강렬함, 황홀함, 예술에 대한 뜨거운 열정을 표현한 것이다. 엔터테인먼트의 도시인 미국 로스앤젤레스LA는 아티스트 지망생들에게는 꿈과 사랑의 무대이지만 실제로는 일부 스타들만 누리는 비현실적 공간이다. 그런 LA의 별명으로 '라라 랜드'를 설정함으로써 사랑과 쟁취해야 할 예술의 가치를 더욱 높이면서 그러지 못하는 냉혹한 현실의 격차를 실감하도록 극명한 대비를 이루는 효과를 노렸다. 사랑과 꿈이 목마름, 즉 갈망처럼 모두 강렬할 수밖에 없음을 역설적으로 나타낸다.

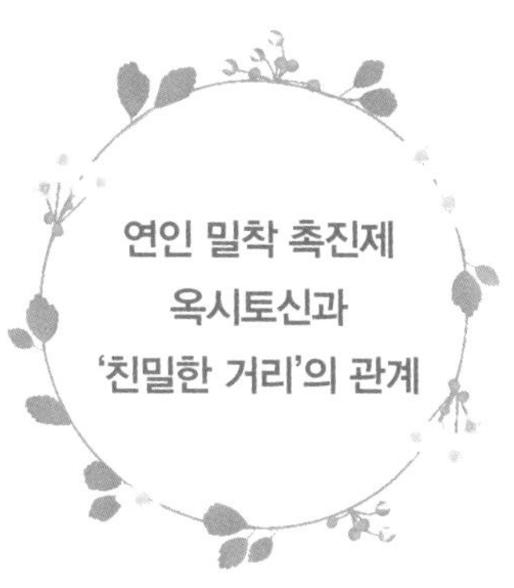

연인 밀착 촉진제 옥시토신과 '친밀한 거리'의 관계

인간관계에서 끌림과 부모의 애착 형성의 조력자로 확인된 화학물질 옥시토신은 일부일처제 방식의 사랑에서 사랑하는 이성 상대와 충실한 관계를 유지해주는 촉매 작용을 한다. 그러나 로맨틱한 관계가 형성된 이후에도 그런 작용을 계속하는지의 여부는 분명하게 검증되지 않았다. 독일의 신경학자 셸레Scheele 등 7명의 학자가 실시한 무작위로 추출된 위약 통제 실험에서 한 명의 남자와 여자가 사랑하는 관계를 맺는 동안 옥시토신은 남자의 행동을 자극하여 매력적인 여자와의 첫 만남에서 상대 여성에게 더욱 접근하도록 하는 것으로 확인되었다.[20]

그러나 첫 만남에서 그 거리는 10~15cm를 유지하는데 그치고, 그 이상의 선은 넘지 못하는 것으로 분석되었다. 여자의 매력, 여자에 대한 관심 때문에 남자의 근접 행동이 나타났지만, 상대인 여자의 조건반사적인 회피 심리로 인해 이 거리가 유지되었다는 결론이다. 이 연구는 남자가 여자와 제대로 친해지려면 시간이 필요하다는 것을 나타낸다. 아울러 옥시토신이 남자로 하여금 한 여자에 빠졌을 때는 그 여자에게만 근접하도록 유도하고 다른 여자에게는 관심을 갖지 않도록 하는 기능을 한다는 사실도 입증되었다.

이에 앞서 인류학자 에드워드 홀Edward Hall은 '친밀 공간intimate space'이란 개념을 토대로 로맨틱한 사랑을 나누는 연인 간의 친밀한 거리는 0~46cm라고 제시하였다.[21] 사람들 사이의 공간과 거리는 각 개인의 심리와 무의식, 친밀감, 경계심, 위협에 대한 방어 본능 등이 복합적으로 반영된 것으로 사람들 사이의 친밀도가 높을수록 그 간격(폭)도 줄어드는 일종의 사적 영역과 같은 개념이다. 홀은 어떤 관계보다 연인 간의 관계가 가장 가깝다고 제시하였다. 연인 간의 거리는 껴안고 감싸주고 접촉하고 속삭이는 모든 애정 행위를 자연스럽게 발산할 수 있는 사이의 거리를 말하며 보호자와 어린이 사이의 거리와 같다.

에드워드 홀의 '대인간 거리' 구분

친밀 공간	친밀한 거리 (연인, 아이)	가까울 경우	1~2cm 미만
		멀 경우	15~46cm
개인 공간	개인적 거리 (절친, 가족)	가까울 경우	46~76cm
		멀 경우	76~122cm
사회 공간	사회적 거리 (업무 관계)	가까울 경우	1.2~2.1m
		멀 경우	2.1~3.7m
공적 공간	공적 거리 (공적 관계)	가까울 경우	3.7~7.6m
		멀 경우	7.6m 이상

홀은 대인 간 거리를 사람들 간의 상대적 관계를 반영하여 '친밀 공간intimate space', '개인 공간personal space', '사회 공간social space', '공적 공간public space' 등 네 가지 구역으로 나누어 설명하였다. 모두 수평적 거리 개념이다.

첫째, 친밀 공간의 '친밀한 거리'는 모든 애정 행위와 보살핌 행위를 할 수 있는 거리로 가까울 경우 1~2cm 미만이고 멀 경우 15~46cm이다. 달달한 사랑을 나누고 있는 연인 간이나 보호를 필요로 하는 영유아 및 어린이와 부모 간의 거리가 여기에 해당된다. 이른바 '팔 길이만큼 가까운' 또는 '팔을 뻗으면 닿는 곳'란 말이 통용된 배경이기도 하다.

둘째, 개인 공간의 '개인적 거리'는 친한 친구나 가족끼리 상호작용을 할 수 있는 거리로 가까울 경우 46~76cm, 멀 경우 76~122cm이다. 누구에게나 침범받고 싶지 않은 사적인 영역의 최소 거리다.

셋째, 사회 공간의 '사회적 거리'는 지인들끼리 상호작용을 할 수 있는 거리로 가까우면 1.2~2.1m이고 멀다 해도 2.1~3.7m이다. 일반적인 사교 환경에서 유지되는 거리이며 사무적인 인간관계에 있는 거리라 봐도 무방하다.

넷째, 공적 공간의 대중적 거리는 연설, 발표, 강연 등 공적 발언을 할 수 있는 거리로 가까우면 3.7~7.6m이고 멀 경우 7.6m 이상이다. 공식 석상에서 처음 대면한 정치인과 유권자, 언론인과 독자, 연사와 청중, 공연자와 관객 등이 이에 해당한다고 볼 수 있다. 일반적으로 말하는 공적인 관계가 여기에 해당된다.

홀의 연구는 미국인 중심의 연구로 대인 공간과 거리는 문화권의 차이와 선호도에 따라 달라질 수 있다는 반론에 직면했지만 준거 연구로 유용하게 쓰여 신경심리학, 인간공학의 발전에 기여하였다. 홀의 연구에 대한 반론을 부연하면 미국의 문화적 관습은 유럽과 유사하지만 독일, 스칸디나비아, 영국인들보다 상대적으로 대화 상대 사이에 더 많은 공간을 유지하고 싶어 한다. 몽골과 달리 인도, 일본 등 인구 밀집 지역에 사는 사람들은 더 작은 집을 갖고 있는 경향이 있으며 이는 개인 공간에 대해 상대적으로 낮은 기대치를 반영한다.

세계 각국의 학자 59명이 동원되어 2017년 42개국 17세 이상 남녀 8,943명을 대상으로 국가별 국민들의 적정한 대인간 거리를 연구했다. 그 결과는 다음과 같다.

첫째, 절친한 사람과의 '친밀한 거리'는 한국, 오스트리아, 독일, 우크라이나, 페루, 이탈리아, 폴란드, 세르비아 등이 45cm 이내, 미국, 카자흐스탄, 스위스, 이란, 터키, 중국, 홍콩, 파키스탄, 포르투갈 등이 45~60cm, 헝가리, 코스타리카, 사우디아라비아가 75cm 이상으로 각각 나타났다.[22]

둘째, 지인 간의 '개인적 거리'는 아르헨티나가 60cm 이하로 가장 가깝고, 멕시코, 페루, 우크라이나, 오스트리아, 불가리아, 폴란드, 이탈리아, 미국 등이 60~75cm, 한국은 75~80cm 사이, 루마니아, 에스토니아, 헝가리, 우간다, 사우디아라비아에서는 90~110cm를 나타냈다.

셋째, 업무적 관계인 '사회적 거리'는 아르헨티나, 페루, 불가리아, 우크라이나, 오스트리아 순으로 짧았으며 이들 국가는 모두 90cm 이하에 분포하였다. 루마니아, 헝가리, 사우디아라비아, 터키, 우간다 순으로 길고, 모두 110~135cm에 위치한 것으로 나타났다. 캐나다, 노르웨이, 한국, 가나는 중간 수준인 100~110cm에 분포했다.

이 연구에서는 사는 지역의 기온과 성별이 대인 간 거리의 기준 설정에 영향을 미친 것으로 나타났다. 연평균 기온이 높은 국가의 거주자일수록 온도가 심리에 영향을 미쳐 낯선 사람에 대해 더 가까이 하려는 경향이 나타났으며, 여성이거나 노인일수록 각각 낯선 사람에 대해 더 거리를 두려 한다는 점이 발견되었다. 이 연구 결과는 현대에도 문화 유형의 다양성에 따라 대인 간 공간적 거리의 기준도 달라진다는 것을 나타낸다. 연구대상 국가들의 국제화가 상당히 진행된 시점에 시행되었기에 국가 간 격차가 크지 않을 것이란 예상을 깬 결과다.

2장

사랑이 커져갈 때

로맨스 신호를 알리는 그린라이트

어떤 사람들이 너무 많이 보살펴줄 때, 나는 그것을 사랑이라고 칭한다.

Some people care too much. I think it's called love.

앨런 밀른Alan Alexander Milne, 《곰돌이 푸Winnie-the-Pooh》에서

"일단 만나 봐, 예단하지 말고 만나 보란 말이야. 반전이 있는 상대도 있어."

"사람을 만나지 않으면 사랑도 인연도 이루어지지 않아."

"한 사람만 말고, 가급적 여러 사람을 만나 봐."

"첫 만남에는 끌림이나 강한 임팩트가 없을지 몰라도 자주 만나 보면 좋아질 수도 있을 거야."

"집에만 있지 말고 친구들 모임이나 사교 모임에 자주 나가 봐."

소개팅을 하려는 모든 남녀에게 그들의 주변인들이 하는 공통적인 이야기다. 심지어 결혼 중개앱인 '여보야'는 최근 TV CF에서 "그렇게 꼭꼭 숨어 있으면 땅에서 신랑감이 짠하고 나타나니?", "그렇게 기다리기만 하면 하늘에서 신부감이 뚝 떨어지니?"란 광고 카피를 사용하여 짝을 찾는 고객들에게 어필하였다.

드라마나 영화에서는 내가 만나고 싶거나 사랑하고 싶은 상대를 길목이나 특정 장소에서 자주 마주치거나 우연을 가장한 작위적 행동으로 인연을 만드는 설정이 잦다. 모든 일에는 시작을 알리는 첫 징조나 사인이 있듯이 사랑도 마찬가지다. 희망을 상징하는 구름의 흰 가장자리silverlining처럼 사랑에도 주도하는 사람이 몰래

깔아놓은 암시나 복선이 있는 것이다.

사람들을 설레게 하는 '사랑의 태양'을 떠오르게 하는 것은 전날의 석양일까, 아니면 당일 새벽의 총총한 별들일까? 유년시절 잔망스럽게도 나를 귀찮게 했던 그 소녀의 행동은 사랑의 표현이었을까? 어느 모임에서 처음 만난 그가 나를 유독 칭찬하며 연신 미소를 보내준 것은 사랑의 징조였을까? 지금부터 '단순노출 효과'를 중심으로 사랑의 도입부를 암시하거나 상징하는 다양한 심리적 현상에 관하여 탐구해본다.

철골 흉물도 자꾸 보면 호감이 생긴다?

사람은 자주 만나면 호감이 가고 정이 든다는 말이 있다. 이 말처럼 '단순노출 효과'는 사람이 특정 상대와 만남을 거듭할수록 호감을 갖게 되는 현상을 말한다. 사람 사이의 물리적 거리가 심리적 거리를 좌우하거나 속박한다는 의미다. 이 현상은 미국의 사회 심리학자이자 미시간대학교 교수인 로버트 자이언스[23]가 오랫동안 반복 실험을 수행한 끝에 신뢰할 만한 이론으로 정립하였다. 이 이론은 연구자의 이름을 따서 '자이언스 효과Zajonc Effect', 또는 유사한 효과를 나타낸 파리 에펠탑 이미지에 관한 평판의 반전 사례를 적용

하여 '에펠탑 효과Eiffel Tower Effect'라고도 한다.[24]

단순노출 효과는 사회심리학뿐만 아니라 광고학, 소비자행동론 등에서도 통용된다. 먼저 단순노출 효과를 에펠탑 효과라 칭하는 이유는 다음과 같다. 에펠탑은 1889년 프랑스 대혁명 100주년과 파리 만국박람회를 기념하여 만들어졌다. 지금은 파리의 명물로 전 세계 관광객들을 흡인하는 상징물로 자리 잡았지만, 알렉상드르 구스타브 에펠Alexandre Gustave Eiffel이 건립 계획을 발표할 당시에는 많은 예술가와 시민의 극심한 반대에 부딪혔다. 고딕의 철골 구조물이라 매우 천박하여 우아하고 고풍스러운 파리를 대표할 수 없다는 것이 주된 이유였다. 파리의 흉물이 될 것으로 예상한

예술가들의 반대운동(1887)을 딛고 관광명소로 자리 잡은 에펠탑

것이다.

에펠탑은 시민들의 질시 속에 결국 애물단지 신세가 되었고, 이에 파리시 당국은 20년만 유지하기로 결정했다. 1909년 해체 위기를 맞지만 통신사의 송신탑으로 이용되면서 철거 위기를 간신히 넘겼다. 그러는 사이 도시의 흉물 취급을 받던 에펠탑은 파리 시민들에게 점차 익숙해지고 각국 관광객이 찾기 시작하면서 파리를 상징하는 명소로 반전되었다. 초기에는 부정적 이미지를 지녔지만 자꾸 보게 되면서 친숙해졌고, 이를 '에펠탑 효과'라 명명한 것이다.

그렇다면 구체적으로 자이언스 효과가 무엇인지 살펴보자. 자이언스에 따르면, 사람은 어떠한 자극에 단순히 반복적으로 노출되면 호감이 증가한다. 호감은 노출 빈도에 영향을 받는데, 이는 노출 빈도가 높아지면 호감도도 높아진다는 의미다. 이 경우 일반적인 대상보다 친숙한 대상에서 선호 태도가 더 강화된다는 것이다. 첫눈에 반한 사랑이나 한두 번 만나 상대가 마음에 든 경우라면 당연히 이후에 둘이 자주 만나면서 친밀감이 더욱 높아질 것이다. 그러나 적어도 처음 만난 상대에 대해 부정적 느낌이 없고, 어느 정도 긍정적인 느낌이 있었다면 이후에 여러 번 만남으로써 낯선 느낌과 경계심이 사라지고 친밀성 또는 친숙성이 증가되어 호감이 증진되는 효과를 거둘 수 있다.

자이언스에 의하면, 단순한 노출이 분명히 호감 형성의 필요충분조건은 아니지만 다른 조건이 같을 경우 호감 형성에 중대한 결정 요인이 된다. 친구에게 이성 상대를 물색해 소개팅을 주선해줬는데 친구가 그 상대를 딱히 맘에 들어 하지 않을 경우 소개해준 친구가 "좀 더 만나 봐!", "여러 번 만나보면 좋아질지 어떻게 알아?"라고 말하는 것이 근거 없는 낭설이 아님을 설명하는 이론이다.

단순한 반복 노출만으로도 태도 변화가 일어난다

1968년 자이언스는 미국 미시간주립대학교에서 시행했던 강의실 수업에서 '시각적 기억visual memory'에 관한 실험으로 단순한 반복 노출만으로도 사람의 태도가 강화한다는 사실을 확인하였다. 아울러 그 원인으로 단순한 반복 노출이 개인의 인지를 자극하는 자극적 요소로 작용한다고 제시하였다. 사람들에게 보다 친숙한 자극 요소인 '긍정적인 어휘들'이 사람들에게 덜 친숙한 '부정적인 어휘들'보다 더 잘 받아들여져 많이 사용된다는 이전의 실험 결과를 토대로, 미국인 학생들을 대상으로 그림, 사진, 표현 등으로 대상을 확장한 실험이었다. 실험 결과 특정 인물들의 사진을 각각 노출 빈도를 달리하여 일정 기간 노출시킨 후 호감도를 7점 척도로 측정한 결과 대체로 노출 빈도가 잦은 사진에 호감을 나타냈다. 같은 실험에서 중국인 학생들에게 똑같은 문자를 한 번은 자주 노출하고, 한 번은 적게 노출한 뒤 그 문자에 대한 호감도를 측정한 앞선 실험 결과와 유사하게 나타났다.

자이언스는 단순노출 효과를 AP통신이 1967년 2월 27일 보도한 오리건주립대학교 실험수업 사례로 설명하였다. 보도에 따르면, 찰스 괴팅어Charles Goetzinger 교수는 자신이 맡은 설득화법 개론 수업에서 미스터리 학생Black Bag과 다른 수강생들을 대상으로 한 가지 실험연구를 하였다. 그 학생은 신원을 공개하지 않은 채 2개월 동안 매주 월요일, 수요일, 금요일 오전 11시에 교실에 나타났다. 그는 맨발만 드러내고 매우 큰 검은 가방을 둘러쓴 채 교실 뒤쪽 작은 책상에 앉아 수업을 들었다.

괴팅어 교수는 이 미스터리 학생에 대한 수강생들의 태도에 시간이 지날수록 변화가 나타나는 것을 확인하였다. 처음에는 학생 20명 정도가 거부 의사를 나타냈다. 즉 학생들의 태도는 처음에는 '적대적'이었다가 점차 '호기심을 보이는 태도'로 바뀌었고, 결국 '친숙한 태도'로 변하였다. 단순노출의 누적 또는 반복만으로도 대상에 대한 긍정적 태도 변화 효과가 나타남을 확인한 순간이었다. 이에 앞서 1965년 J. 헌트J. Hunt가 실시한 관찰실험도 연구에 참조하였다. 헌트는 아기들이 새로운 무선 전화기보다 익숙한 무선

미스터리 학생이 참석한 수업 장면.

전화기에 더 호감을 나타낸다는 사실을 확인하였다.

1980년 자이언스는 이후 여러 번의 실험을 통해 단순노출 효과는 의식적인 인지 없이도 일어나며, 사람에 대한 선호 태도는 사전 암시가 필요 없기 때문에 정보만 제공해도 설득이 어렵지 않다고 결론지었다. 구체적으로 광범위한 인지나 인지적 입력 과정 없이 일어나는 정서적 반응은 당사자에게 인지적 판단보다 더 확신을 주며 빨리 이뤄진다. 자이언스는 실험연구에서 특정 수업이 진행되는 대학의 강의실에 그다지 예쁘지 않은 여학생들을 각각 15회에서 0회까지 차이를 두어 수업에 들어가게 하였다. 수업에 들어가서는 다른 남녀 학생들과 이야기하지 못하게 했으며, 수업 종료 후에도 따로 만나지 못하도록 실험을 통제하였다.

한 학기가 끝난 후 해당 교실 학생들에게 여학생들의 사진을 보여주고 매력도를 측정했더니 강의실에 들어간 횟수와 비례하는 모습을 나타냈다. 또 다른 실험에서 참가자(피험자)들에게 인물사진 A를 25번, 인물사진 B를 2~3번 정도 보여줬다. 이후 두 인물에 대한 선호도를 표시하도록 하여 집계한 결과 인물사진 A에 대해 더 높은 선호도를 나타냈다. 소리에 대한 반응도 마찬가지였다. 상대에게 어떤 소리를 반복적으로 들려줄 경우 상대가 그 자극에 노출된다는 것을 의식하지 못 하더라도 효과가 나타났다. 양쪽 귀에 반복적으로 들려줬던 소리와 처음 들려주는 소리를 함께 지각하도록 할 경우에는 자주 들었던 소리를 좋아하는 것으로 나타났다.

중립적, 긍정적인 느낌을 주는 대상에만 밀착 효과가 나타난다

자이언스의 연구는 다른 학자들의 후속 연구를 통해 더욱 지지를 얻게 되었다. 심리학의 범주를 벗어나 신경과학 분야에서도 입증되는 성과를 거뒀다. 1989년 R. F. 본스테인R. F. Bornstein은 자이언스의 단순노출 효과에 대하여, 1968년부터 1987년까지 20년간 발표된 논문들을 모두 수집하여 메타 분석한 결과, 노출하는 자극 유형, 자극의 복잡성, 자극의 제시 순서, 자극의 노출 기간, 자극의 인지, 피험자의 나이, 자극의 노출과 측정 사이의 지연 간극(시간),

자극 제시의 최대 횟수가 모두 노출 효과의 크기인 '관계의 밀착도'에 영향을 미친다고 분석했다.

본스테인의 분석 결과, 단순노출 효과는 친숙하지 않은 자극이 간결하게 나타날 때 가장 강력하였으며, 10~20번의 반복 노출 범위 내에서 효과가 가장 강력하였다. 사람들이 노래를 배울 때 어느 정도까지는 반복해 듣는 것을 좋아하지만 너무 지나치면 선호가 줄어드는 것처럼 노출 반복이 너무 과도하면 지루함과 식상함을 유발하여 효과가 감소하였다. 대상에게 노출한 뒤 선호 측정을 하는 것을 늦출수록 선호의 강도가 증가하는 것으로 나타났다.

이 효과는 그림이나 사진 자극에 국한된 것으로 어린이들에게는 효과가 약했다. 스왑이 행한 다른 실험에서는 처음부터 비호감인 대상을 자주 노출시켰을 경우 비호감이 더욱 강화되는 현상이 나타났다.[25] 이후 2001년 졸라Zola와 세콰이어Squire의 원숭이 대상 실험을 통해 신경과학의 측면에서 노출이란 자극이 제공되면 두뇌 측두엽 내측에 있는 신경핵의 집합체인 편도체의 병변이 정서적 기능을 손상시키지만, 기억을 담당하는 대뇌 측두엽의 해마 내측에 있는 병변은 두뇌의 인지적 기능을 손상하는 대신 정서적 반응을 제대로 하도록 내버려두어 단순노출 효과가 나타나는 것으로 입증되었다.[26]

자이언스는 이 이론의 상대나 대상에 대한 부정적인 느낌이나 선입견이 없고, 두 사람(대상)이 상호 갈등을 유발하는 성격이나 욕구를 갖고 있지 않을 때 적용된다고 전제 조건을 제시하였다. 다시 말해 단순노출은 처음부터 즐겁거나 긍정적인 느낌을 주는 대상 또는 적어도 중성적이거나 중립적인 느낌을 주는 대상에 대해서만 호감 증진 효과를 발휘한다는 것이다. 애초부터 서로 맞지 않는 성격, 취미, 욕구를 갖고 있을 경우 잦은 노출이나 접촉은 오히려 갈등 심화나 관계 악화를 초래한다. 또 하나의 전제는 단순히 만남의 회수가 많아지면 지루함을 유발할 수 있기 때문에 친숙성의 증대와 함께 레퍼토리의 변화 등 다양성이 모색되어야 한다.

사실 이 이론은 우리 민중들의 삶에서 전통적으로 실천되어 왔다고 해도 과언이 아니다. 특히 연인, 부부 관계뿐만이 아니라 사회관계를 좌우하는 중요한 원리로 작용했음을 알 수 있다. 우리 속담에 "막둥이도 늘 보면 정든다"는 말이 있다. 막둥이(막내)는 전통적으로 말썽을 자주 일으키는 존재로 인식되어 왔다. 그런 존재인 막둥이, 즉 보기 싫은 사람도 늘 보면 정이 들게 된다는 말이다. 아울러 "가까운 이웃이 먼 친척 보다 낫다"란 속담도 있는데, 이는 이웃에 살면서 자주 보면 멀리 떨어져 사는 친척보다 더 친밀해지고 위안과 보탬이 된다는 뜻이다. 회사에서 일하는 시간이 많은 요즘에는 가정의 부인이나 남편보다 직장의 이성 동료와 보내는 시간이 실제로 더 많아, 이처럼 친해진 직장 동료의 관계를 빗대 '오피스

와이프' 또는 '오피스 허스밴드'라는 말이 생겨나기도 했다.

멀리서 편지만 쓰는 연인보다 매일 보는 집배원에게 끌린다

대만의 한 남성이 멀리 떨어져 있는 여자 친구에게 사랑의 마음을 전하는 편지를 썼는데, 이런 러브레터가 2년간 무려 400통이나 배달되었다. 그런데 정작 그 여인의 마음을 움직여 결혼한 상대는 편지를 전해준 집배원이었다. 400통이면 400회를 만났다는 뜻이니 그렇게 자주 보면서 친밀도가 매우 높아진 것이다. "뛰어난 미인도 사흘이면 싫증나고, 아무리 못생긴 얼굴도 사흘이면 좋아진다"는 말도 있다. 우리 사회에서 결혼할 배우자를 선택할 때 주변 사람들이 눈이 높은 사람들을 훈계하는 말로 "외모는 잠깐이고 성품이 중요하다. 부부는 정들면서 산다"란 말을 자주 한다.

반대로 자주 보지 않으면 관계가 멀어지기 때문에 이를 경계하는 어구도 있다. "몸이 멀어지면 마음도 멀어진다"란 말이 대표적이다. 중국 남북조시대 양梁나라의 소명태자가 편찬한 《문선文選》의 '잡시雜詩' 편에는 '거자일소去者日疎'란 문구가 나오는데, 이를 풀이한 것이다. "떠난 사람은 날이 갈수록 멀어지고去者日以疎(거자일이소), 오는 사람은 나날이 친해지는가來者日以親(내자일이친)"란 표현에서 비롯된 것으로, 평소에 친밀했던 사람도 떠나면 소원해진다는 뜻이다. "안 보면 마음이 멀어진다Out of sight, out of mind"란 영어 격언과도 같은 뜻이다.

친밀했던 사람이 전학이나 유학을 가면 거리와 접촉 빈도 때문에 사이가 멀어지기 쉽다. 기존의 영화나 드라마에서는 비행기를 타고 유학을 떠나는 장면이 나오면 헤어짐을 상징하였다. '주말 부부'나 자녀의 조기 유학을 이유로 '기러기 아빠'나 '기러기 엄마'가 된 경우 부부 사이가 나빠져 아예 헤어지는 경우도 종종 생긴다. 법적으로는 부부지만 사이가 나빠 자주 만나지도 보지도 않고 각자 개인 생활을 하면서 주변의 시선을 의식하여 마치 잉꼬부부인 것처럼 행동하는 '쇼윈도 부부'도 있다. 관계가 친밀하지 못해 실제로는 행복한 결혼생활을 하고 있지 못하는 것이다.

연인의 경우도 흡사하다. 우리나라의 19세에서 20대 초반 남녀 사이에서 과거에는 군대 가는 남자 친구가 여자 친구에게 변심하지 말라는 뜻으로 "고무신 거꾸로 신지 마"란 말을 자주 하곤 했다. 최근 들어서는 여자 친구가 군대를 간 남자 친구에게 "군화(워커)나 거꾸로 신지 마"라고 하며 '고무신(곰신) 카페'에 가입해 전역 때까지 함께 활동하는 경우도 볼 수 있다. 이런 사례에서 주는 메시지는 자주 보아야 마음이 멀어지지 않는 것이다. 과할 정도로 뜸한 만남은 애정 관계를 희석시킨다.

우리나라에서는 나이든 어르신들이 아직 결혼을 하지 않은 젊은 사람들에게 채근을 하는 경우가 많다. 소개팅, 맞선은 물론 사교나 만남의 장소에 자주 나가라고 하는데, 이런 행동 역시 단순노출 효과를 고려한 것으로 볼 수 있다. 일단 이성에게 노출되어야 사랑이 싹틀 가능성이 많지, 매일 집안에만 있으면 새로운 관계가 형성될 가능성이 없기 때문이다.

드라마와 영화에서는 단순노출 효과를 적용한 장면을 흔하게 선보인다. 버스나 지하철에서 매일 출퇴근 시간에 마주치도록 하여 친밀감을 느끼게 하거나 공항, 여행지, 역사, 파티 장소 등 여러 장소에서 각종 해프닝과 에피소드를 겪게 하여 이성적으로 끌리는 사이가 되도록 이야기를 이끌어간다. 티격태격 다투던 직장 동료와 사랑에 빠지기도 하며 오랜만에 만난 초등학교 동창생과 열정적인 밀회를 하는 장면 역시 이런 효과가 적용되는 경우다.

우연한 노출과 조우의 반복이 만들어낸 로맨스 스토리

단순노출 효과는 영화, 드라마 등의 예술 콘텐츠에 전략적으로 적용되어 '우연한 만남'을 통한 사랑의 시작과 무르익음으로 나타나곤 한다. 작품을 창작하는 사람들은 이런 단순노출은 대부분 우연한 상황에서 이뤄지는 것으로 설정한다. 사람은 자주 만나면 애정이 싹트고, 반대로 사랑을 만들려면 마음에 드는 누군가를 자주 만나야 한다. 남녀 간의 시간적 거리, 공간적 거리, 만남의 빈도는 애정관계의 형성, 발전, 유지에 결정적인 요소일 수밖에 없다.

로맨틱한 피아노 선율이 흐르는 뮤지컬 영화 〈라라 랜드〉는 정통 재즈의 부활과 재즈 바 운영이 꿈인 재즈 피아니스트 세바스찬(라이언 고슬링)과 커피숍 종업원으로 부업을 하며 수없이 오디션에 도전하지만 매번 낙방하는 배우 지망생 미아(엠마 스톤)의 사랑 이야기다. 둘은 길이 꽉 막힌 LA의 한 고가도로에서 상쾌하지 않게 스친 후 두어 차례 우연히 마주치면서 결국 사랑하는 사이로 발전한다. 도로에서의 첫 만남은 사랑의 전개를 위한 단순노출의 설정이다.

영화 〈첨밀밀甛蜜蜜〉은 성공을 위해 중국 본토 대륙에서 열차를 타고 홍콩으로 건너온 한 남녀(소군과 이요)가 우연히 만나면서 시작된, 10년에 걸쳐 사랑, 이별, 재회를 거듭하는 이야기다. 소군 역은 리밍黎明이, 이요 역은 장만위張曼玉가 맡았다. 이제는 세월이 지나 젊은 세대들에게는 사랑 이야기의 고전이 되었다. 영화 속 사랑의 정서적인 느낌은 제목인 '첨밀밀'의 뜻처럼 '꿀같이 달콤한 사랑'으로 로맨스의 전형을 보여주고 있다. 아름다운 정경과 감미로운 음악이 곁들여져 이들의 사랑에 대한 관객들의 공감지수를 높였다. 첨밀밀은 1979년 발표된 가수 덩리쥔鄧麗君의 노래 제목이기도 하다.

영화 〈비포 선라이즈Before Sunrise〉에서는 프랑스 파리로 돌아가는 미국 남자 셀린(에단 호크)과 비엔나로 향하는 프랑스 여인 제시(줄리 델피)가 우연히 열차 안에서 만난다. 열차 안에서 독일인 부부가 시끄럽게 싸운 것이 계기가 된다. 이들은 짧은 시간에 서로에게 빠져들고 감미롭고 꿈같은 대화를 이어가면서 더욱 강한 끌림으로 상호 작용한다. 밤새도록 계속된 사랑의 대화는 해가 떠오르면 각자의 목적지가 달라 끝이 나기에 절박감을 고조시킨다. 캐스 블룸Kath Bloom의 노래 〈컴 히어Come Here〉가 삽입되어 사랑의 분위기를 고조시키는 데 충분한 촉매제 역할을 한다.

2001년에 제작된 영화 〈세렌디피티Serendipity〉 역시 우연한 만남에서 시작된 사랑의 단순노출 효과를 명증하고 있다. 크리스마스 이브를 맞은 미국 뉴욕의 밤은 매우 들뜬 분위기다. 조나단(존 쿠삭)과 사라(케이트 베켄세일)는 각자 자신의 애인에게 줄 선물을 사려고 손님들로 붐비는 백화점을 찾았다가 마지막 남은 장갑을 동시에 잡으면서 처음 만나게 된다.

이들은 황홀한 크리스마스 분위기에 젖어 각자 애인이 있는데도 서로의 매력에 빠져 맨해튼에서 저녁을 보낸다. 제목 '세렌디피티'는 주인공 사라가 장갑을 차지하는 대가로 조나단에게 차를 사준

카페의 이름으로, 사랑을 맺어준 곳이자 사랑의 기억을 반추하는 공간으로 설정되었다. 'serendipity'가 뜻하는 '뜻밖의 발견이나 능력, 의도하지 않은 발견, 운 좋게 발견한 것'과 일치하기도 한다.

로맨스 영화의 바이블 〈러브 어페어Love Affair〉에서는 남녀 주인공의 우연을 가장한 반복된 만남이 사랑으로 이어진다. 로맨틱 무비의 전형으로 1939년 맥커레이에 의해 처음 제작된 후 1994년 워렌 비티와 아네트 베닝이 주연을 맡으며 리메이크 되었다. 은퇴

1939년 개봉한 〈러브 어페어〉 속 한 장면.

한 미국 미식축구 풋볼 스타인 마이크 갬브릴(웨런 비티)은 호주로 가는 비행기 안에서 테리 맥케이(아네트 베닝)를 만난다. 비행기가 난기류로 근처 섬에 불시착하고, 항공사가 제공한 여객선을 타고 타이티로 향한다. 갬브릴과 맥케이 둘 다 약혼자나 사귀는 사람이 있는 상태였지만, 둘 만의 시간을 보내면서 사랑이 깊어져 몇 개월 뒤 뉴욕 엠파이어스테이트 빌딩 옥상에서 만나기로 한다. 약속한 날 갬브릴은 엠파이어스테이트 빌딩의 전망대에서 맥케이를 기다린다. 그런데 갬브릴을 만나러 오던 맥케이는 빌딩 앞에서 교통사고를 당해 병원으로 후송된다. 갑작스러운 사고로 이별하게 되는 두 사람이지만 훗날 진실을 알고 서로의 사랑을 확인한다.

오래 보아야 예쁘다,
자세히 보아야 예쁘다

단순노출 효과는 시구와 노랫말에서도 찾을 수 있다. 나태주 시인의 시집《오래 보아야 예쁘다 너도 그렇다》의 '풀꽃 1'에서는 "자세히 보아야 예쁘다/오래 보아야 사랑스럽다/너도 그렇다"란 표현이 나온다. 가수 신중현이 작사하고 부른 히트곡 〈미인〉에도 이런 효과를 나타내는 '한 번 보고 두 번 보고 자꾸만 보고 싶네'라는 가사가 등장한다.

단순노출 효과와 관련된 개념으로는 '초두효과primacy effect, 初頭效果', '최신효과recency effect', '빈발효과frequency effect', '맥락효과context effect'가 있다. 첫째, 초두효과는 사람들이 많은 정보나 자극 가운데 가장 먼저 제시된 정보나 자극을 더 잘 기억하는 현상을 뜻한다. '첫인상 효과'라고도 한다. 짝짓기를 하려는 목적으로 처음 만날 때 보여준 모습이나 인상이 큰 효과를 발휘한다는 의미다. 나중에 잘하거나 잘 보이기보다 처음 또는 초기에 잘 해야 상대 이성의 마음을 사로잡을 가능성이 높다는 뜻이다. 이는 제품 출시, 면접 등에서 고객이나 면접관의 첫인상을 사로잡기 위한 목적으로 많이 활용하기도 한다. 초두효과가 발생하는 이유는 인간의 뇌는 저장하거나 처리할 수 있는 정보의 양이 정해져 있어 선택적으로 정보를 받아들이는데, 먼저 제시된 정보나 자극이 집중과 주목도를 높여 장기 기억에 용이하기 때문이다.

초두효과는 심리학자 솔로몬 애쉬Solomon Asch의 실험을 통해 입증되었다. 애쉬는 피험자 그룹을 A, B 둘로 나눠 같은 인물 소개를 하면서 그룹 A에는 '샘이 많은, 고집 센, 비판적인, 충동적인, 근면한, 똑똑한 사람'의 순서로 형용사를 제시하고, 그룹 B에는 '똑똑한, 근면한, 충동적인, 비판적인, 고집 센, 샘이 많은 사람'의 순서로 제시한 뒤 인물평을 요구했더니 그룹 B에 속한 사람들이 대상 인물에 대해 훨씬 더 긍정 평가를 내리고 두세 번째 단어들에 대해서는 기억효과가 감소한 것을 확인하였다.

둘째, 최신효과는 많은 정보나 자극들 가운데 대상자에게 가장 나중에 제시된 정보나 자극을 가장 잘 기억하는 현상이다. 미국 템플대학교 심리학과 교수인 로버트 라나Robert Lana가 실험연구를 통해 제시한 개념으로 신근성 효과, 막바지 효과라고도 불린다. 최신효과는 초기에 제시된 정보나 자극이 너무 짧아 그 기억이 사라졌거나 첫 인상만으로 인상 형성 및 판단이 어려운 경우 나타나기 쉽다. 학교 시험을 앞두고 가장 최근에 암기한 내용이나 복습한 내용이 더 잘 기억되고 회사에서 근무평점을 매길 때에도 과거보다 최근의 근무 성적이나 실적이 우수하면 수혜를 받는 것도 최신효과가 작동하는 경우다. 초두효과와 최신효과의 작용은 각각 메시지

표 8 단순노출 효과와 관련된 인지심리 효과들

초두효과	여러 가지 정보나 자극 가운데 사람들에게 먼저 제시된 정보나 자극일수록 더 잘 기억하는 현상
최신효과	여러 가지 정보나 자극 가운데 사람들에게 가장 나중에 제시된 정보나 자극일수록 더 잘 기억하는 현상
빈발효과	여러 가지 정보와 자극 가운데 사람들에게 자주 노출되는 정보와 자극이 더 잘 기억됨으로써 초기 평판과 이미지가 다르게 인식되는 현상
맥락효과	처음 주어진 정보나 자극에 의해 나중에 수용한 정보나 자극의 맥락이 구성되어 처리방식이 결정되는 현상

에 담긴 내용의 친숙도에 따라 좌우된다고 한다.

최신효과는 미디어의 주목과 선택 작용에 의해서도 더욱 두드러진다. 미디어는 옛것보다 최신의 것에 주목하기 때문에 수용자로 하여금 끊임없이 관행적으로 최신효과를 조장한다고 볼 수 있다. 또한 뉴스의 속성이기도 하다. 아무리 큰 사건이 터졌어도 오늘 당장 더 큰 사건이 터지면 이전의 사건은 다루는 양이나 비중이 크게 줄어들면서 어느덧 사라진다. 정치적 악재가 터지면 연예계 주요 인물의 주목도가 높은 화제나 자극성이 큰 추문 보도를 유도하여 덮는 것도 이런 원리다. 컴퓨터, 자동차, 휴대전화, 에어컨 등도 혁신적인 신제품이 나오면 이전의 제품은 낡은 것으로 치부되어 관심 밖으로 밀려난다. 영화나 드라마도 최신 작품이 나오면 이전의 작품에 대한 스포트라이트는 현저히 줄어든다. 수상자, 공직자 등 언론에서 주목받는 인물은 모두 새롭게 선택된 사람들이다.

셋째, 빈발효과는 많은 정보와 자극 가운데 사람들에게 자주 노출되는 정보와 자극이 더 잘 기억됨으로써 초기 평판과 이미지가 다르게 인식되는 현상을 뜻한다. 특정인이나 특정 대상에 대한 첫인상이나 평판이 좋지 않게 형성되었어도, 좋은 이미지나 평판을 반복해서 제시하면 초기의 평가와 달리 점차 좋은 인상이나 평판으로 바뀌는 현상을 말한다. 첫인상 이미지는 별로 좋지 않았지만 자주 만나면서 진지하고 솔직한 인간미가 드러나 이미지가 좋게 바뀌는 현상이다.

연애를 하거나 비즈니스 거래를 할 때 사람들이 경험적으로 "사람은 여러 번 만나봐야 안다"는 말을 하곤 하는데, 이런 경우가 바로 빈발효과를 겨냥한 것이다. 과거에 방송되었던 SBS 프로그램 〈짝〉에서 숙소에 입소할 때 처음 선택한 이성 파트너와 합숙 후 최종적으로 선택한 파트너가 달라지는 현상 역시 경험과 검증에 의한 빈발효과로 볼 수 있다. 과거 MBC 〈사랑의 스튜디오〉란 짝짓기 프로그램에서도 같은 현상이 빈발하였다. 드라마나 영화의 로맨스 스토리에서도 연인이 될 사람은 처음에는 좋지 않은 일로 부딪혀 알게 되는 경우가 많으며, 이후 우연히 자주 보게 되면서 사랑하는 사이로 발전하는 구도가 빈번하다.

넷째, 맥락효과란 처음 주어진 정보나 자극에 의해 나중에 수용되는 정보나 자극의 맥락이 구성되고, 이에 따라 처리 방식이 결정되는 현상을 말한다. 다른 말로 대비효과라고도 한다. 소개팅 할 때 이성을 소개해주는 사람이 어떻게 설명해주느냐에 따라 소개를 받는 사람의 기대감과 태도는 물론 소개팅 현장에서의 자세가 달라지는 것도 일례라 할 수 있다. 맥락효과는 비교나 표적, 기준점이 대상이 되는 정보나 자극에 좌우되어 나타나기 때문에 실제와 다른 인지적 왜곡현상으로 볼 수 있다. 환경 요인이 대상의 지각뿐 아니라 대안에 대한 선호와 선택 등 자극 지각에 영향을 미쳐서 나타나는 현상이다.

물리학을 전공한 논픽션 작가인 윌리엄 파운드스톤William Poundstone은 인기 상품은 비인기 상품에 영향을 주는 맥락효과가 있어 상품을 시장에 내놓을 때 가격 설정이 매우 중요하다고 강조한 바 있다. 그의 책《가격은 없다Priceless: The Myth of Fair Value》에서 주장한 내용이다. 하이엔드 주방용품 브랜드 윌리엄 소노마가 고급 제빵기를 279달러에 팔다가 반응이 시큰둥해 더 큰 모델을 429달러에 출시했다. 하지만 429달러짜리는 반응이 없고 오히려 279달러짜리가 두 배로 팔렸다. 파운드스톤은 소비자들이 처음에는 279달러짜리가 비싸게 보여 사기를 주저했지만 429달러란 신제품이 나와 맥락이 달라지니 상대적으로 279달러짜리가 싸게 느껴져 구매율이 높아졌다고 해석하였다. 고객의 지불의사는 처음부터 정해진 바가 없으며 상황과 맥락에 따라 언제든지 변할 수 있다는 의미다.

이렇게 맥락을 좌우하는 요소는 여러 가지가 있다. 감정, 성격, 취향, 사전 경험, 지식 등과 같은 수용자 내부 요인과 시간, 날씨, 분위기, 위치, 공간, 사회문화적 요인과 같은 수용자 외부 요인이 있을 수 있다. 명품인 보석, 의류, 자동차를 할인 판매할 때 더 잘 팔리는 현상도 여기에 해당한다. 미인대회를 시청한 남자가 시청 직후 소개팅을 할 경우 상대 여성의 외모가 잘 눈에 들어오지 않는 현상도 여기에 해당한다. TV 시청 여파로 웬만한 미모는 미모로 생각지 못하는 착시현상이 나타날 수 있기 때문이다. 독일 자동차 브랜드 폭스바겐과 아우디가 디젤 게이트로 2017년 국내에서 판매가 중단된 적이 있다. 이에 평택 항에 적치되어 있던 아우디 차량 수만 대를 연말에 최대 40%까지 할인 판매한다는 소문이 돌자 소비자들이 폭발적인 반응을 보인 것도 같은 효과로 설명할 수 있다.

끌림을 유발하는 '미美'의 기준에 관한 다양한 관점

역사 속에서 이성으로 하여금 관심과 매력을 유발하는 신체의 아름다움에 관한 관점은 크게 변하였다. 이러한 '미'에 대한 관점은 당대의 남성과 여성에게 각각 이성을 탐닉하고 선택하는 중요한 기준으로 작용하였다. 고대에는 큰 엉덩이와 허벅지가 생식 능력을 상징하며 미인으로 인식되었다. 노예제도가 시행되는 동안에는 인종과 피부색이 미의 기준으로 작용하여 피부가 흰 여성들이 미인의 이상형이 되었고, 검은 피부의 여성들은 부당한 대우를 받았다. 1900년대 초반에는 대체로 창백한 안색을 가진 여성이 미인으로 인식되었고, 반대로 주근깨, 흑점, 피부 결함이 있는 여성들은 배척당하였다. 1920년 무렵에는 날씬한 체격과 작은 머리를 가진 여성들이 아름답다고 추앙받았으며, 1950년대에는 납작한 가슴, 짧은 헤어스타일, 보이시한 외모가 각광을 받았다.

나오미 울프Naomi Wolf는 1990년 《미인 신화: 여성에 대한 아름다움이란 이미지가 어떻게 소비되는가The Beauty Myth: How Images of Beauty

Are Used Against Women》란 책에서 이런 미의 기준을 정면 비판하였다. 그리고 통용되어온 미의 기준이 실현 불가능하며, 여성들을 구속하기에 완화해야 한다고 주장하였다. 이 책은 대중 매체와 주류 언론으로부터는 비판을 받았지만, 여권운동주의자들로부터는 극찬을 받는 등 극단적 반응으로 일약 베스트셀러가 되었다. 특히 여권운동을 하던 명사들로부터 새로운 여성을 위한 필수적인 읽을거리라거나 여권 신장을 알리는 괄목할 만한 서적으로 평가되었다. 더불어 울프는 페미니스트 운동 제3기의 선도적인 대변자로 떠올랐다.

울프가 말하는 '아름다움 신화'의 기본 전제는 여성들의 사회적 권력과 역할이 커짐에 따라 대중매체가 설정해 고착화한 여성의 신체적 아름다움에 관한 비현실적인 사회 기준을 고수하라는 압박이 너무 심하다는 것이다. 여성들은 지난 10년간 남성 중심의 권력구조에 진입하여 법적, 물질적 장애를 격파하였다. 그럴수록 사회가 설정한 엄격한 여성미에 대한 기준, 이미지에 짓눌렸다. 이런 압박감이 섭식장애와 성형수술의 기하급수적 증가를 일으켰다고 보았다. 아울러 남녀 모두에게 외모에 관한 잘못된 선입견을 만들었다.

울프는 이 '아름다운 전설'이 남성 우위를 강화하는 권력 시스템의 일부라고 믿었다. 여성이 점점 더 자신의 신체적 외모에 관심을 둠에 따라, 사회에서 남자들과 동등한 권리와 대우를 받을 것이란 그들의 기대는 점점 더 멀어진다고 진단하였다. 그간 통용된 미의 기준은 본질적으로도 도달 불가능한 것이다. 그래서 그간 여성들에게 신체적, 정신적 패배감을 넘어 낙오자 같은 사회적 처벌을 받게 하는 효과를 만들었으며, 패션과 미용 산업은 여성들을 착취했다고 보았다. 이런 잘못된 신화는 인간이 활동하는 모든 영역으로 확대되었다. 울프는 구체적으로 오늘날 여성들은 일, 종교, 섹스, 폭력, 배고픔이라는 다섯 가지 영역에서 기존의 아름다움 신화에 의해 희생당한다고 지적했다. 울프는 대안으로 여성들이 태도, 경제적 압박을 일으키는 이데올로기나 정치적, 심리적으로 외모에 관한 사회적 판단에 구애받지 말고 자신이 원하는 얼굴과 몸을 선택해야 한다고 주장하였다. 사회 구성원들이 나서서 기존의 미적 규범이나 기준을 완화하거나 폐기해줄 것을 외친 것이다.

다른 여성학자들은 미인대회가 여성들을 신체적 이미지에 집중하게 하고 그들을 신체적 외모로만 판단하고 다른 본질적인 능력을 제한한다면서 철폐를 주장하였다. 텔레비전 광고, 소셜미디어SNS, 잡지, 포스터 등은 이런 아름다움의 기준을 영속시키는 플랫폼들이다. 이런 미디어의 힘은 너무 엄청나다. 미디어는 매일 남녀 모두에게 이상적인 몸을 갖기 위해 식이요법, 헬스클럽 운동을 통해 그 목표를 달성하라고 강요한다. 따라서 많은 여성이 건강한 평균 체중을 유지하는 것보다 불필요하게 체중 감량에 더 큰 비중을 두고 매일 많은 시간과 비용을 투입하고 있다. 이런 기준은 너무 완벽하기에 도달 불가능한 목표다. 충동적인 다이어트와 급격한 체중 감소를 동반하는 거식증은 치유가 매우 어려운 정신질환이다. 섭식장애 환자는 미국에만도 250만 명으로 추정되는데, 이 가운데 90% 이상이 어린 여자를 포함한 여자들이라며 그 폐해의 심각성을 설파하였다.

울프는 서적 출간 이후 많은 반박과 비판에 직면하였다. 울프의 주장이 잘못되었다는 사람들의 핵심 메시지는 "여성들은 아름다움과 사회적 지위 사이의 상관관계를 스스로 인식하기 때문에 그간 통용되어온 미의 기준에 따르는 행동을 하는 것은 지극히 자연스러운 것이며, 이런 행동들은 자신의 미적 이상을 이루기 위한 노력의 하나"라는 것이다. 울프가 자신의 주장을 지나치게 강조하려고 통계 수치를 과장했다는 분석도 덧붙여졌다.

먼저 비비안 딜러Vivian Diller는 저서 《얼굴 그것: 여성들이 실제 느끼는 외모 변화와 실제 행동Face It: What Women Really Feel as their Looks Change and What to Do About It》에서 "대부분의 여성들은 좋은 외모가 그들에 대한 존경, 합법성 그리고 힘과 연관되어 있다고 동의한다"고 설명하며 울프의 주장을 반박하였다. 비비안 딜러는 비즈니스 세계에도 신체적 외모에 기초한 고용, 인사평가, 승진 관행이 남아 있어 여성들로 하여금 업무와 능력의 발전에 치중하기보다는 외적 아름다움을 가꾸는 데 더욱 천착하게 만든다고 강조하였다.

크리스티나 호프 소머스Christina Hoff Sommers는 1994년 《누가 페미니즘을 훔쳤는가?Who Stole Feminism?》란 책에서 "미국에서 매년 사망하는 거식증 환자는 15만 명 정도"라면서 울프의 과장에 기초한 견해를 비판했다. 슈메이커Schoemaker는 2004년 섭식장애 연구 논문에서 "울프가 말한 미인 대회 관련 거식증 통계는 약 8배 정도 과장되었다"고 주장했다. 슈메이커는 거식증으로 인해 연간 525건의 사망사고가 있었는데, 이는 울프의 통계보다 286배나 적은 것이라고 지적했다.

3장

사랑에 중독될 때

내 눈에 콩깍지 현상과 치명적 중독성

사랑에 빠진 두 사람은 세상으로부터 고립되어 있기에 아름답다.

Two people in love, alone, isolated from the world, that's beautiful.

밀란 쿤데라Milan Kundera, 작가

"시작이 좋으면 끝이 좋다."

"시종일관始終一貫, 수미일관首尾一貫."

"지치지 않는 열정, 꺼지지 않는 불꽃."

"한 번 팬은 영원한 팬이다."

모든 일에 대체로 통용되는 경구나 수사이지만 로맨스나 연애에서 만큼은 그렇지 않은 경우가 허다하다. 사랑은 이성 상대에게 가장 잘 보이려는 열정적인 마음, 세련된 행동, 매력적인 외양, 외로움 극복이나 짝 찾기를 갈망하던 심리적 이유와 상황적 이유 등으로 인해 적지 않은 착시효과를 일으키기 때문이다. 일단 누군가를 사랑하면 상대를 평하거나 진단해주는 제3자에 대해 "그 사람만 보면 가슴이 두근두근 뛰어요" 또는 "그런 문제가 있어도 그 사람은 너무 좋은 사람이에요. 그건 저에게는 중요치 않아요"라고 반박하는 경향이 있다.

누군가가 도시락을 싸들고 다니며 말려도 안 된다. 그러고 나서 나중에 큰 문제가 생기면 "그땐 사랑에 눈이 멀어 그런 치명적인 문제를 가진 사람인 줄 몰랐어요", "결혼해서 그런 태도를 보일 줄 몰랐어요", "그렇게 돌변할 줄 누가 알았겠어요?" 등의 한숨 어린 후회가 이어지기도 한다. 많은 사람에게 좋은 평가를 받은 이성 상대라도 정작 훗날에는 같은 상황에 직면할 수도 있다. 대체로 인간의 호르몬 작용으로 인한 조절 불능의 사랑의 콩깍지 현상 때문이다. 연애를 시작할 때 사랑의 콩깍지가 씌어 나타나는 다양한 현상에 대해 '핑크렌즈 효과'를 중심으로 탐구해보자.

판단 능력을 멈추게 하는 핑크빛 사랑 호르몬

상대를 좋아하거나 사랑에 빠지게 되면 핑크빛 색안경을 썼을 때 세상이 온통 핑크빛으로 보이는 것처럼 심리적으로 상대의 약점은 잘 보이지 않고 장점만 부각되어 보이는 현상이 나타난다. 이를 심리학에서 '핑크렌즈 효과'라 한다. 사람이 사랑에 빠지면 뇌에서 '페닐에틸아민'이란 화학 물질이 분비되며, 이 물질의 농도가 점차 짙어지면 본능적으로 도파민, 세로토닌, 페로몬, 엔도르핀, 옥시토신 등과 같은 행복과 쾌감을 일으키는 호르몬이나 화학물질의 분비를 촉진하면서 핑크렌즈 효과가 나타난다. 이 효과는 열정, 쾌감, 행복감을 동반하는데, 페닐에틸아민을 '러브 칵테일'이라 부르는 이유도 바로 여기에 있다.

핑크렌즈 효과를 일으키는 페닐에틸아민의 효과는 매우 강력한 것으로 입증되었다. 1974년 헥터 사벨리Hector Sabelli와 데이비드 모스님David Mosnaim의 연구에 따르면, 페닐에틸아민은 사람들을 기뻐서 들뜨게 하고 득의양양하게 하는 효과가 크며, 부족하면 우울증으로 이어진다. 이들의 연구대상이었던 우울증 환자들의 소변을 분석한 결과 대상자의 71%가 페닐에틸아민 결핍이 나타났으며, 이를 통해 뇌에서 페닐에틸아민의 분비가 부족해지는 것이 내인성 우울증endogenous depressions의 주요 원인이라 결론지었다.

뇌와 체내의 다른 기관들의 기능을 활발하게 하고 각성제 역할을 수행하는 페닐에틸아민은 칼슘 배출, 도파민 분비 등과 관련 있는 세포 내의 조절 부위와 상호작용한다.[27] 또한 그 수치가 올라가면 이성이 마비되고 열정이 분출돼 행복감에 도취되며, 여기에 흥분과 긴장 그리고 유쾌함까지 동반하니 상대의 결점이 눈에 보일 리 만무하다.[28]

핑크렌즈 효과의 증상은 마약 중독과 같다

누군가를 좋아하는 핑크렌즈 효과를 겪게 되면 큐피드의 화살을 맞은 것처럼 마음이 들뜨고 자주 미소를 짓고 얼굴이 밝아지거나 옅은 홍조를 띠며 화색이 돈다. 성격이 강하거나 거친 사람도 나긋

나긋하게 변하며 부끄러움마저 느낀다. 사랑을 하면 누구나 예뻐지고 못생긴 사람조차 예뻐 보인다는 말이 현실이 된다. 특히 페닐에틸아민 촉매 작용으로 신경전달 물질인 도파민이 분비되면 대뇌반구의 측면부에 위치한 미상핵尾狀核이 활성화하여 본능적인 사랑의 에너지가 발산되면서 쾌락과 행복을 느끼게 해준다. 핑크빛 색안경을 낀 것처럼 모든 세상이 아름답고 환상적으로 보이게 되는 것이다. 아울러 상대에 대한 생각도 잦고 깊어진다. 판타지가 가미되어 밤에 달만 봐도 상대의 얼굴이 떠오른다. 한마디로 영화 〈첨밀밀〉의 주제곡이었던 덩리쥔의 노래 '위에량 따이삐아오 워 디씬月亮代表我的心'의 뜻처럼 달빛이 내 마음을 대신하는 상황이 된다.

사람이 누군가를 사랑하게 되어 그 상대를 자주 생각하면 쾌감중추는 활성화되지만 감각 인지 등의 인지 능력을 떨어뜨리는 작용을 한다. 천연 각성제인 페닐에틸아민은 마약의 주성분인 암페타민 성분과 유사해 흥분 작용과 함께 부분적으로 감각 인지를 변화시키기도 한다. 사랑에 빠진 사람들이 '구름 위를 걷는 기분'이라고 하는 것이 크게 과장된 말은 아닌 셈이다.[29] 페닐에틸아민의 작용에 로맨틱한 분위기까지 만들어지면 사랑은 더욱 무르익는다.

조엘 골드Joel Gold와 리차드 라크맨Richard Ryckman 등은 1984년 로맨틱한 분위기가 성적으로 어떤 끌림 작용을 하는지를 실험하였다. 그 결과 로맨틱한 분위기 유도에 노출된 남성 피험자는 그렇지 않은 통제 대상 남성보다 이성으로서의 선호도, 사랑의 정도, 관대함의 정도 등 여러 척도에서 여성 상대에게 더 매력적으로 인식되는 것으로 나타났다. 사랑을 할때는 로맨틱한 분위기로 자연스럽게 이끄는 능력이 중요하며, 이때 로맨틱한 분위기는 핑크렌즈 효과를 더욱 촉진하는 작용을 한다는 것이다.

사랑에 빠진 사람은 이런 화학물질의 영향으로 얼굴이 발그레해지는 등 화색이 돌고 가슴이 두근두근 뛰며 기쁨이 넘쳐난다. 화장, 패션, 말씨의 변화, 다이어트 등 상대에게 잘 보이기 위한 노력이 겉으로 두드러지게 나타난다. 세상이 모두 아름답게 보여 공격적 성향도 사라지고 부드럽게 변한다. 미국의 심리학자인 스탠턴 필Stanton Peele과 아치 브로드스키Archie Brodsky는 1975년 공저인 《사랑과 중독Love and Addiction》에서 사랑에 빠진 사람은 상대방의 모든 것을 긍정적으로 여기며 스릴을 즐기고 강박적이고 긍정적인 생각과 감정을 가지며 현재의 절정과 황홀감을 즐기고 싶어 한다는 점에서 마약중독 상태와 유사하다고 설명하였다.

캘리포니아주립대학교의 신경과 전문의인 프레드 노어Fred Nour 박사에 따르면, 핑크렌즈 효과를 유발하는 화학물질의 힘은 사랑을 위해서라면 현실을 보지 못하게 할 정도로 대단하다. 그는 《진정한 사랑: 사랑을 이해하기 위해 과학을 이용하는 방법True Love: How to Use Science to Understand Love》의 저자다. 이 책에서 그는 다음과 같이 말했다. "로맨틱한 사랑에 빠진 사람들은 현실을 못 본다. 자신들의 사랑이 눈먼 것으로 보지 않는다. 그들은 있는 그대로가 아닌, 그들이 원하는 대로 세상을 본다. 모든 영화, 로맨스 소설, 연애 소설보다 신나고 흥미진진한 것이다." 마약 중독을 능가하는 강력한 효과다. 그는 "인간은 자연이 인간에게 준 행복감을 선사해주는 화학물질을 잃게 되면 슬프게도 현실을 보기 시작하는데, 이런 상황이 오기 전에 사랑을 많이 해야 한다"고 조언하였다.

눈먼 사랑은 호르몬이 유발하는 긍정적인 방향의 심리적 착시현상이다. 이런 현상은 매우 자연스럽게 나타난다. 그러나 남녀는 데이트할 때 이성 상대에 대하여 '이상화된 이미지'와 그것을 평가하는 척도를 갖추는 등 상대를 이상화할 수 있는 예지력과 직관을 갖춰야 만족스럽고 안정적인 친밀한 관계를 구축할 수 있다.[30] 머레이 등의 실제 실험에서 데이트하는 커플들은 1년에 3번이나 심리적으로 상대에 대해 현실적인 모습과 달리 매우 멋지게 바라보는 틀을 만드는 것으로 나타났다. 상대를 이상화하여 자신의 웰빙(행복)에 대한 척도를 구축하는 것이다.

관계를 지속하는 낭만적인 이상화 능력

1976년 홀과 타일러Hall & Taylor의 연구에서도 상대에 대한 이상화된 이미지들을 얼마나 갖추고 있으며 얼마나 지속적으로 유지하고 있느냐가 행복한 결혼 관계 지속의 핵심 요인으로 나타났다. 즉 대부분의 이성 상대는 불완전하기에 각각의 파트너들을 이상화하여 바라볼 수 있는 낭만적인 예지 능력을 갖출 때 만족감을 높이고 갈등과 의심을 줄임으로써 좋은 관계의 지속이 가능하다는 뜻이다. 친밀한 사랑이라면 눈이 멀기보다 예지력이나 선견지명이 있어야 한다는 뜻이다.

우리나라 20~30대 미혼 남녀들의 경우, 핑크렌즈 효과, 즉 사랑의 콩깍지를 경험해보았다는 응답이 90.2%로 나타났다. 이런 현상이 나타났을 때 여성들은 남성 파트너에 대해 "함께라면 뭐든지 즐겁다(35.3%)", "방귀나 트림조차도 사랑스럽다(15.5%)" 등의 반응이, 남성들의 경우에는 "뭐든 다주고 싶고 돈이 아깝지 않다(37.7%)", "상대 얼굴만 봐도 배부르다(15.6%)" 등을 경험했다고 답했다. 심지어 핑크렌즈 효과가 연애 결정과 승낙에 미치는 영향도 남성 65.6%, 여성 68.7%로 매우 높게 나타났다. 이런 결과는 결혼정보업체 듀오가 2015년 4월 7일부터 5월 15일까지 우리나라 20~30

표 9 핑크렌즈 효과 경험 여부와 효과

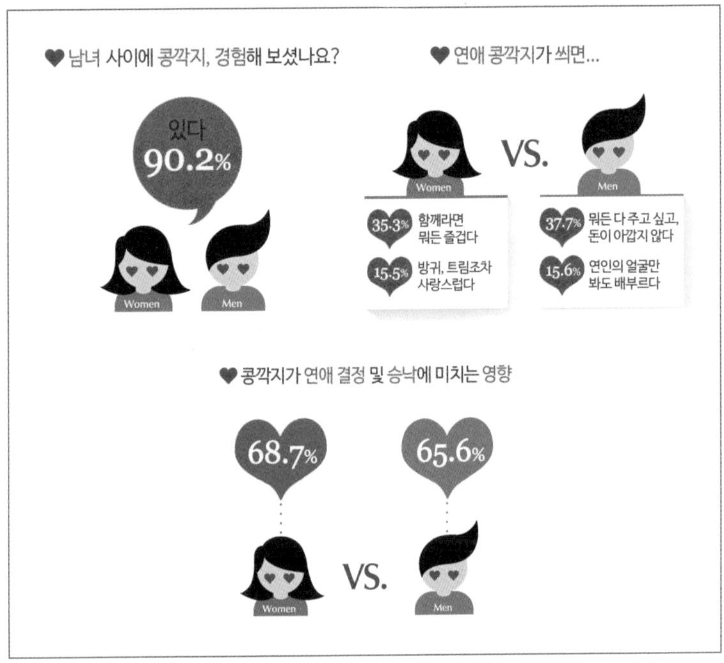

* '듀오'에서 실시한 20~30대 미혼 남녀 611명을 대상으로 한 설문조사(2015.4.7.~5.15.) 결과.

대 미혼 남녀 611명을 대상으로 실시한 설문조사에 따른 것이다.

핑크렌즈 효과에 빠져 상대를 제대로 따져보지 못하고 무조건 좋아하는 상황 또는 이성 간에 서로 현혹되어 사람의 다양한 됨됨이를 제대로 못 보는 상황을 '눈에 콩깍지가 씌다'란 속담을 사용해 표현한다. '눈에 뭐가 씌었다'라고도 한다. 이 말은 농경 중심의 생업이 지속되었던 옛날 우리 민족이 당시 눈을 가릴 대상으로 콩깍지가 적당하다고 보아 사용함으로써 유래된 것으로 추정한다. 한민족의 눈 크기가 콩을 털어 내고 남은 껍질인 콩깍지와 크기나 모양이 비슷했기 때문이다.

뜨거운 사랑의 유효기간은 2년 6개월

이러한 핑크렌즈 효과의 유효기간은 심리학자마다 견해가 조금씩 다르다. 하지만 대체로 최대 3년 내외다. 30개월(900일, 2년 6개월) 정도라고 보는 이도 있고 3년이라 보는 이도 있다. 국내의 경우 대표적으로 심리학자 김민수와 권다미는 핑크렌즈 효과의 유효기간이 3년이라 주장하였다. 그들에 따르면, 핑크렌즈 효과는 남자의 열정과 여자의 사랑이 결합하여 나타나는 현상으로 결혼에 이르게 하는 촉매제 역할을 한다. 미국 코넬대학교 심리학과 교수 신디아 하잔Cynthia Hazan은 핑크렌즈 효과의 지속기간은 18~30개월로 최초 시작 후 1년쯤 지나면 절반으로 감소하며 30개월 정도면 효과가 완전히 사라진다고 제시하였다.[31]

결혼 생활과 관련된 국내 통계치를 살펴보면 핑크렌즈 효과의 지속기간을 어느 정도 가늠할 수 있다. 보통 사람들이 연애를 시작하여 결혼하기까지 3년 이내인 경우가 가장 많다고 한다. 2017년

10월 2일 우리나라 통계청이 발표한 '2016년 혼인·이혼 통계'에 따르면 2016년 전체 이혼 건수 10만 7,300건 가운데 혼인 지속기간이 4년 이하인 부부의 이혼이 전체의 22.9%를 차지하였다. 이 그룹의 상당수가 핑크렌즈 효과에 기대어 사랑을 하여 성급히 결혼한 뒤 그 효과의 유효기간이 지나자 서로에 대한 신뢰까지 떨어져 결별한 경우라 유추할 수 있다. 이 통계에서 가장 높은 비율은 혼인 지속기간 20년 이상으로 30.4%를 차지했다. 10~14년은 13.7%, 15~19년은 13.9%로 나타났다. 평균 혼인 지속기간은 14.7년이었다. 여기에서 '평균 혼인 지속기간'은 법적인 혼인 여부와 관계없이 실제 결혼생활에서 이혼까지의 동거 기간을 뜻한다.

신디아 하잔 교수가 주축이 된 핑크렌즈 효과 연구팀의 연구 결과는 1999년 영국 〈더 타임스〉에 상세히 보도되기도 하였다. 연구팀은 세계 37개 문화권의 커플 5,000명에 대한 인터뷰와 의학적 검사를 바탕으로 분석하였다. 무엇보다도 중요한 것은 이 연구의 결론인 메시지다. 연구팀은 사랑은 영원히 지속되지 않으니 밸런타인데이의 사랑 메시지가 나중에도 계속 이어질 것이란 기대를 잊어버리라고 인간에게 충고를 하는 것이 이 연구의 메시지라고 설명하였다.

그렇다면 핑크렌즈 효과의 지속기간인 '2년 6개월(30개월)'의 의미는 무엇일까? 그것은 조물주가 인간에게 종족 보존을 위해 걸어

놓은 시간의 마법인 셈이다. 인간은 이기적일 수밖에 없는 존재다. 짝을 고르는데도 예외가 아니어서 인간이 짝을 고르는데 너무 까다롭게 대처하게 방치하면 후세를 이어갈 수 없게 될 우려가 있다. 따라서 짝짓기를 하는데 터무니 없이 많은 시간을 쓰지 않고 어느 정도 끌리면 사랑에 속도를 내어 결합하고 아이를 낳아 어느 정도 키우도록 그것에 필요한 최소한의 시간을 조물주가 부여한 것이다. 그 시간 동안 환각적 심리장애에 머물도록 한 것이다. 인간이 이런 상황에 처하면 조건반사적으로 뇌에서 호르몬이 분비되어 한 번 사랑의 발동이 걸리면 그 이후에는 묻지도 않고 따지지도 않는 눈먼 사랑을 하게 한 것이다.

표 10 핑크렌즈 효과의 지속기간

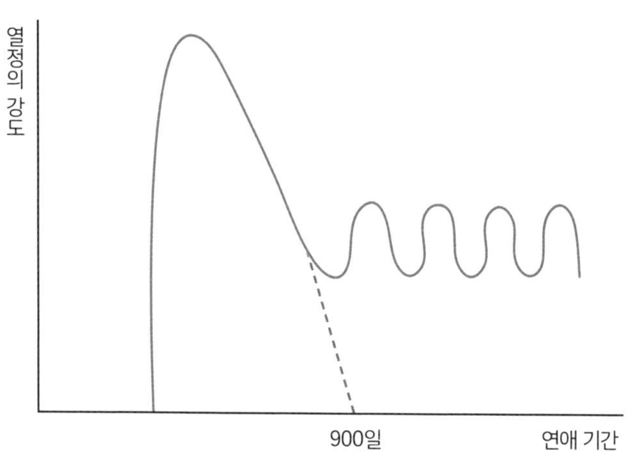

하잔 교수는 18~30개월이란 시간은 남녀가 만나서 짝을 짓고 아이를 낳는 데 충분한 시간이라고 설명하였다.[32] 그는 그 이후로는 진화적으로 심장이 뛰고 손에 땀이 나는 높은 수준의 열정이 깃든 사랑이 필요하지 않는다고 덧붙였다. 누구를 좋아하는 사랑의 초기 단계에서는 도파민, 페닐에틸아민, 옥시토신 같은 화학물질이 분비되어 핑크렌즈 효과를 촉진하지만 대략 2년 이내에 다시 비교적 편안한 상태로 되돌려놓는다.

특정한 약품을 계속 복용하면 내성이 생겨 그 약효가 떨어지듯이 이런 사랑을 촉진하는 화학물질도 내성이 생기기 마련이다. 아무리 뜨겁고 열렬한 연인들의 경우라 해도 마찬가지다. 이런 화학물질의 약효는 2년이며, 2년이 지나면 커플들은 함께 지내기에 매우 편안한 상태가 되었다고 느껴 사랑이 일상화 되거나 헤어지는 결정을 하는 것으로 나타났다.

이런 화학물질의 러브 칵테일 효과는 여성보다 남성이 강하다. 낭만적인 열병의 강렬함이 남성에게 더 뚜렷하다는 뜻이다. 연구 결과 대부분의 남성들이 여성들보다 더 쉽고 빨리 사랑에 빠졌다. 또한 인간 세계에서 짝짓기는 화학물질이 일으키는 일종의 착각 효과로, 인간들이 한때 즐기는 것에 불과하다. 같은 종들끼리 짝짓기 하는 가장 확실한 방법은 극단적으로 말하면 그들을 우리 안에 가두는 것밖에 없다.[33] 아무리 사랑하는 사이라도 3년 후에는 어떤 관계가 될지 아무도 모른다는 뜻이다. 사랑에는 언제나 거품이 있고, 그것은 터져서 포말처럼 사라질 수 있다. 낭만적 사랑도 달달한 '로맨스 영화'로 시작해 지긋지긋한 '악몽'으로 끝날 수 있다.

30개월이 지나면 커플만의 사랑 유지 기술이 필요하다

〈더 타임스〉는 1999년 보도 당시 하잔 교수의 연구 결과에 덧붙여 대비되는 두 가지 사례를 제시하였다. 그리고 각 사례 주인공의 고백을 통해 핑크렌즈 효과로 시작된 낭만적 사랑의 유지 방법에 대해 의미 있는 메시지를 전달하였다. 보도에 따르면 영화 〈슬라이딩 도어Sliding Doors〉와 〈셰익스피어 인 러브Shakespeare in Love〉의 주연 배우인 기네스 팰트로와 여성들이 좋아했던 브래드 피트는 1995년 만나 사귄 뒤 3년이 채 못 되어 이별했다. 반면 73세의 진 워몰과 빌은 본능적 사랑의 유효기간인 30개월을 극복하고 무려 54년간 결혼생활을 이어왔다.

기네스 팰트로는 헤어질 당시 "브래드 피트가 내 인생의 유일한 사랑인 줄 알았으며, 아무런 의심도 없었는데 어느 날 갑자기 그런 느낌이 들지 않았다. 그와 관계를 끝내는 것이 관계를 일부러 길게 늘려 불행해지는 것보다 낫다고 생각했다"고 고백하였다. 이에 반해진 워몰은 "부부는 가족(아이)을 갖기 전에 1~2년 시간을 갖는 것이 좋고, 그 뒤에 첫사랑의 느낌을 다시 찾을 수 있다는 생각을 버리고 좋은 관계를 유지할 다른 단어를 찾아야 한다"고 조언하였다. 3년 이후에는 권태를 극복하기 위한 그들만의 공식이나 노하우를 찾아야 한다는 뜻이다.

만남이나 연애를 시작하면 핑크렌즈 효과가 나타나 세상이 온통 열정과 사랑으로 가득 찬 것으로 보인다. 상대의 모든 것이 장점이 되고 매력으로 인식되는 왜곡 현상이 발생하는 것이다. 이는 사랑의 환각 물질이 유발하는 일시적인 심리 변화라 할 수 있다.

핑크렌즈 효과에만 기댄 벼락 결혼, 벼락 이혼

핑크렌즈 효과에 기댄 번갯불 같은 사랑의 위험성은 문화의 특성상 자기애가 무척 강한 미국 할리우드 스타들의 '벼락 결혼, 벼락 이혼'에서 잘 나타난다. 사랑의 화학작용 외에도 신뢰, 배려, 상호이해의 깊이가 결여되었기 때문인 것으로 보인다. 이탈리아 출생의 미국 영화배우 루돌프 발렌티노와 여배우 진 아커는 1919년 11월 결혼했다가 6시간 만에 헤어졌다. 헝가리 태생의 영화배우 자 자 가보와 여배우 펠리프 드 알바는 1983년 4월 13일 결혼해 14일에 이혼함으로써 24시간을 넘기지 못했다. 가보는 지금까지 9번의 결혼을 했다.

가수 브리트니 스피어스는 친구였던 제이슨 알렉산더와 결혼해 55시간(2004년 1월 3일 오전 5시30분 결혼, 1월 5일 이혼) 만에 헤어졌다. 배우 겸 영화감독인 데니스 호퍼와 미쉘 필립스는 결혼 8일(1970년 10월 31일 결혼, 11월 8일 이혼) 만에, 쉐어와 그레그 올만은 결혼 9일(1975년 7월 결혼) 만에 결별하였다. 영화배우 겸 가수 에디 머피와 트레이시 에드먼즈, 마리오 로페즈와 알리 랜드리는 각각 결혼 지속기간이 2주에 그쳤다. 여배우 드류 베리모어와 영화 프로듀서인 제레미 토머스는 1994년 3월 결혼해 30일 만에 이혼하였다. 이 외에도 '벼락 결혼'의 폐해를 보여주는 사례는 너무도 많다.

우리나라의 경우도 결혼 12일 만에 헤어진 배우 커플이 있다. 배우 이민영과 이찬은 2006년 12월 10일 결혼식을 올린 뒤 신혼여행을 떠났지만 한 달도 채 되지 않아 결별하였다. 당시 '결혼 12일 만에 파경'으로 보도되었다. 배우 류시원은 2010년 10월 결혼했지만 1년 5개월 만에 이혼 절차를 밟았다. 배우 강문영은 가수 이승철과 1995년 결혼했지만 2년 만에 헤어졌다.

핑크렌즈 효과의 유효기간 종료 이후에는 상대방에 대한 믿음과 사랑에 대한 비전이 확고하게 서야 사랑이 유지된다. 이 기간이 지나면 장점만 보이던 상대방에 대한 환각 효과가 사라져 단점이 눈에 띄고 그로 인하여 점차 실망하는 단계에 접어들기 때문이다. 핑크렌즈 효과의 유효기간 동안 남녀가 서로 상대를 이해하고 배려하고 조화하면서 사랑과 신뢰를 쌓아간다면 큰 문제는 없을 것이다. 가슴이 뛰는 사랑에서 차분한 사랑으로 자연스럽게 전환되는 것이다. 그러나 그렇지 않은 사랑을 이어왔거나 유효기간 종료 이후 서로의 반응과 태도가 점차 식거나 냉담하게 달라진다면 결별할 수밖에 없다. 최근 잦은 연인 간의 결별과 부부 간의 이혼은 이런 메커니즘에서 비롯한다고 추론할 수 있다. 핑크렌즈 효과는 견고하면서도 깨지기 쉬운 유리 같은 양면성을 지니고 있다.

영국의 여류 소설가 버지니아 울프Virginia Woolf와 영국의 시인 제프리 초서Geoffrey Chaucer는 일찍이 이런 핑크렌즈 효과가 가져다주는 사랑의 본질을 꿰뚫어봤다. 버지니아 울프는 핑크렌즈 효과가 작동하는 상황에 대해 "사랑은 환상이다. 상대에 대한 스토리가 마음속에 만들어지는 것이다. 그래서 사람들은 그것이 언제나 실제 사실이 아니란 것을 금방 알면서도 그 환상이 파괴되지 않기를 항상 돌보고 있다"고 말했다.[34] 초서 역시 "우리가 사랑을 할 때 우리 자신을 얼마나 기만하는지 알 수 있다. 사랑이란 눈이 먼 것을 말한다"라고 표현했다.

미국인과 일본인을 상대로 한 조사에서 남성 65%와 여성 55%가 "사랑하는 상대는 결점을 갖고 있지만, 그런 것들이 날 정말 힘

들게 하지는 않는다"란 말에 동의하였으며, 남성의 64%, 여성의 61%는 "나는 사랑하는 상대의 모든 것을 사랑한다"는 말에 동의하였다.[35] 이 결과는 핑크렌즈 효과 자체에 대한 논의 외에도 또다른 사회 통념을 형성할 가능성이 있다. 그것은 바로 핑크렌즈란 마술에 걸리면 이성 상대에 대한 너그러움의 폭이 훨씬 확대되어 '완벽한 조건을 갖춘 이성 상대는 없다'는 유의 말을 더 잘 수용하거나, 주변 사람이 하는 이런 유의 말에 쉽게 현혹되거나 도취되어 상대를 더 꼼꼼히 따져 보지 않음으로써 그릇된 선택을 할 가능성이 있다는 것을 말한다.

불같은 사랑은 환상일까?
핑크렌즈 효과를 그린 영화들

핑크렌즈 효과를 다룬 예술 콘텐츠는 대표적으로 영화 〈바닐라 스카이Vanilla Sky〉, 〈플립Flipped〉, 〈내 눈에 콩깍지〉가 있다. 영화 〈바닐라 스카이〉는 핑크렌즈 효과로 시작된 급작스러운 사랑이 정말 덧없는 것일 수 있음을 이야기해주는 영화다. 인상파 화가 모네 작품에서 시시각각 하늘빛이 변하는 풍경을 담은 것을 지칭하는 말에서 따온 '바닐라 스카이'란 제목에서부터 이런 주제를 연상할 수 있다. 불같은 사랑은 꿈의 편린이나 착시에 불과할 수 있으며,

결국 인생과 행복은 시시각각의 판단과 상황에 따라 바뀐다는 점을 암시한다.

금수저 출신 출판사 사장으로 풍부한 재력과 준수한 외모를 갖춘 플레이보이 데이비드 에임즈(톰 크루즈)는 줄리(카메론 디아즈)를 만나 육체적 사랑은 나누지만 마음은 주고받지 않는다. 이후 데이비드는 어느 날 자신의 33번째 생일 파티에 놀러온 친구 브라이언의 애인 소피아(페넬로페 크루즈)를 보고 첫눈에 이상형이라고 느껴

클로드 모네의 〈아르장퇴유의 세느강(The Seine at Argenteuil)〉.
이 그림 속의 하늘을 '바닐라 스카이'라 부른다.

사랑에 빠지고, 둘은 곧 연인이 된다. 데이비드에게 버림받은 줄리는 질투와 분노가 격해져 이들을 미행한다. 너무 화가 난 줄리는 데이비드를 차에 태우고 동반 자살을 시도한다.

결국 차량은 뒤집혀 줄리는 죽고 데이비드는 간신히 목숨은 건지지만 얼굴을 알아볼 수 없을 만큼 심하게 다쳐 모든 것을 잃고 만다. 일종의 인과응보다. 데이비드는 실의에 빠져 정신적으로 고통 받다 간신히 제 얼굴을 회복한다. 그러나 데이비드는 옆에서 보살피던 소피아에게서 줄리의 환상을 본다. 정신 착란이 나타난 것이다. 또 나쁜 기억을 지우고 싶은 듯 난해한 꿈의 세계에 빠진다. 결국 소피아를 줄리로 착각하여 질식사 시킨다. 많은 기억 가운데 좋은 것만 남길 수 없었던 것이다.

매들린 캐롤과 콜런 맥올리프가 주연한 영화 〈플립〉은 성인이 아닌 소년소녀에게로 앵글을 돌려 핑크렌즈 효과로 촉발된 6년간의 무지갯빛 첫사랑을 다루고 있다. 영화 〈해리가 샐리를 만났을 때〉를 연출한 로브 라이너 감독이 2010년 만든 영화다. 유년시절 누구나 한번쯤 경험했을 법한 흔한 옆집 아이들의 사랑이다. 매우 솔직하고 당찬 7살 소녀 초등생 줄리(매들린 캐롤)는 어느 날 길 건너 집 이사를 도와주다 소심한 소년 브라이스(콜런 맥올리프)를 알게 되어 첫눈에 반한다. 줄리는 다음날 학교에서 만난 브라이스를 반갑게 안아주면서 자신의 마음을 적극적으로 표현한다. 학교에서는

'줄리 남편은 브라이스'란 소문이 난다. 하지만 브라이스는 그런 줄리가 마냥 귀찮고 부담스러운 듯 요리조리 피한다. 줄리는 자신의 마음을 몰라주는 브라이스 탓에 마음에 상처를 입는다.

그렇게 6년간 옥신각신하지만 줄리의 짝사랑은 중학생이 되어서도 식을 줄 모른다. 줄리는 닭의 부화 과정을 연구해 과학경진대회에서 1등을 차지한다. 줄리는 부화시킨 닭이 낳은 달걀을 동네에 파는데, 브라이스에게는 그냥 준다. 그러나 브라이스는 달걀에 살모넬라균이 있을 거라며 매번 그대로 쓰레기통에 버린다. 그렇게 몇 주가 지나다 결국 줄리에게 들키고, 마음이 상한 줄리는 화가 나서 브라이스에 대한 애정을 말끔히 접는다. 브라이스는 성가신 존재였던 줄리가 눈앞에서 사라지자 이상하게 신경 쓰이기 시작하고 보고 싶어지기까지 한다. 줄리가 외할아버지와 함께 정원 마당을 정리하는 것조차 질투가 난다. 전세는 완전히 역전된다. 이 영화는 줄리와 브라이스의 바뀐 입장처럼, 이렇게 첫사랑 과정에서 겪기 마련인 연인 간의 입장 전환과 그에 따른 심리 묘사를 정교하게 다뤘다.

영화 〈내 눈에 콩깍지〉는 배우 이지아와 강지환이 주연하고 이장수 감독이 연출한 한일 합작 코믹 로맨스 장르의 텔레 시네마다. 흥행 작품은 아니었지만 핑크렌즈 효과의 일시성과 외모와 성격 사이에서 고민하는 주인공의 심리 묘사가 관객들의 공감을 자아

냈다. 아울러 영화에서처럼 실제 이런 상황이 주어진다면 관객인 나는 어떤 선택을 할까에 대한 관심도 불러일으키기에 충분했다.

극중 강태풍(강지환)은 세계적인 건축가로서 외모도 훌륭하고 경제적 능력도 탁월한 남자다. 그런데 어느 날 교통사고를 당하여 그 후유증으로 추녀와 미녀를 구분하지 못하는 '일시적 시각장애'를 겪는다. 이런 상황에서 강태풍 앞에 외모가 별로고 매력 제로의 '폭탄녀'라 할 수 있는 애완동물 잡지 〈동물클럽〉 기자 왕소중(이지아)이 나타난다. 이지아가 극중 배역 이름과는 달리 완전 소중하지 않게 보이도록 '못난이 분장'을 하고 연기했다.

하지만 강태풍의 눈에는 아름답게만 보이고, 그런 그녀에게 첫눈에 반한다. 한마디로 '눈에 콩깍지가 씌었다'. 강태풍의 증상을 전혀 모르는 왕소중은 난생 처음 겪는 완벽한 남자의 저돌적 대쉬에 내심 당황하면서도 행복해 하며 사랑에 깊이 빠진다. 강태풍은 외모뿐 아니라 마음까지 착한 왕소중의 모습에 점점 매력을 느낀다. 사랑이 무르익을 무렵 왕소중은 출장을 떠나고, 그 사이 시각장애 증상이 치유되어 원래 상태로 돌아온 강태풍은 왕소중을 보고도 전혀 알아채지 못한다.

핑크렌즈 효과의 유효기간을 뛰어넘어 낭만적 사랑을 잘 유지하는 방법은 무엇일까? 낭만적인 사랑을 할 때는 상대에 대한 과잉 반응과 과몰입, 집착을 자제하고 과도한 환상과 바람에 천착한 비현실적인 기대를 하지 말아야 한다. 독일의 시인 괴테Johann Wolfgang von Goethe는 "사랑하는 것이 인생이며 사람과 사람 사이의 결합이 있는 곳에 기쁨이 있다"고 했다. 또《인간의 굴레Of Human Bondage》의 저자인 영국의 소설가 겸 극작가 서머싯 몸William Somerset Maugham은 "중요한 것은 사랑을 받는 것이 아니라 사랑을 하는 것"이라며 애써 복잡한 사랑의 방정식을 찾기보다 인간으로서 사랑하는 것 자체에 충실하기를 각각 강조하였다.

미국 서던 캘리포니아의 임상심리상담가 랜디 건터Randi Gunther 박사는 "이성 간의 로맨틱한 융합은 너무나 신나고, 달콤하며, 황홀하기에 책임감과 지혜를 동원하여 서로의 관계를 낭만적이고 친밀하게 이끄는 것들을 하루 빨리 공유해야 한다"고 조언하였다. 영국 사회학자 앤서니 기든스Anthony Giddens는 "낭만적 사랑은 사랑의 이유가 '바로 그 사람이기 때문에'이기에 상대가 서로의 결여를 메워줌으로써 갈등이 줄어들거나 간과될 수 있다"고 말했다. 로마의 시인 호라티우스Horatius는 "사랑을 할 줄 아는 사람은 자신의 정열을 지배할 줄 알지만 사랑을 할 줄 모르는 사람은 자신의 정열에 지배를 받는다"고 말했다. 프랑스 작가 라 로슈푸코La Rochefoucauld는 "바람이 불면 촛불은 꺼지고 큰 불은 불길이 더 커지듯이 상대가 눈앞에서 없어지면 보통 사랑은 점점 멀어지고 큰 사랑은 점점 커져간다"며 인내력을 발휘하는 큰 그림의 사랑을 강조하였다.

사랑의 약효를 유지하는 것은 '너를 사랑해'라는 말 한마디

상담가인 마리 윌시Marie Willsey는 로맨틱한 관계를 유지하는 효과적인 커뮤니케이션 기법 다섯 가지를 블로그 'HowStuffWorks'에 제시하였다.

로맨틱한 관계 유지를 위한 커뮤니케이션 기법 다섯 가지

첫째, 파트너에게 '나는 너를 사랑해'라고 자주 말해라.

둘째, 파트너의 말을 경청하는 법을 배우고 실천하라.

셋째, 파트너에게 진지하고 사려 깊은 행동을 하라.

넷째, 파트너의 장점을 크게 부각시키고 사소한 것들은 간과하라.

다섯째, 파트너에게 솔직하게 말하고 자신의 감정을 파트너와 공유하라.

《위대한 결혼의 비밀Secrets of Great Marriages》 공동 저자이자 부부인 린다 브룸과 찰리 브룸Linda & Charlie Bloom은 로맨틱한 관계 증진법을 다음과 같이 제안하였다.

첫째, 파트너와 친밀감을 높이는 데 도움을 줄 사람(매개적 인물)

을 찾아라.

둘째, 서로 데이트하는 것을 즐겨라.

셋째, 상호 관계의 증진을 위해 과감하게 두 번째 또는 세 번째 신혼 여행을 떠나라.

넷째, 때로는 전자제품의 전원을 끄고 친밀한 관계만을 나눌 수 있는 공간을 만들어라.

다섯째, 뜨거운 물로 파트너와 함께 목욕을 해라.

여섯째, 서로 받들고 봉사하라.

일곱째, 파트너와 함께 밥을 먹어라.

여덟째, 서로 눈에 들어오도록 상대를 뚫어지게 응시하라.

아홉째, 프라이버시를 즐기며 몰래 함께 춤을 춰라.

열째, 서로 마사지를 해줘라.

열한째, 상대와 함께 낭만적이고 달콤한 시詩를 읽어라.

열두째, 파트너가 잘 찾을 수 있는 곳에 사랑의 쪽지를 숨겨라.

열셋째, 서로 가슴에서 우러나오는 진솔하고 친근한 사랑의 언어로 대화하라.

린다 브룸과 찰리 브룸이 "낭만적이고 달콤한 시를 읽어라"는 열한 번째 조언을 하며 일독을 권한 시 가운데 으뜸은 루미Meviana Jalaluddin Rumi*의 시다. 우리와 문화권은 다르지만 이들이 왜 연인들이 구사해야 할 '사랑의 기술'로 루미의 시를 추천했는지, 루미에 시에는 어떤 매력이 숨어 있는지 꼭 살펴볼 필요가 있다. 결론적으로 루미의 시에는 부드럽고 달콤한 사랑의 메시지가 담겨져 있어 낭만적이다. 보다 높은 경지에서 사랑에 대한 명상적 접근을 하여 탈무드와 같은 경구, 심오한 종교적 가르침과 깨달음까지 내포되어 있어 초월적, 탈욕적이다. 13세기 페르시아 태생인 루미는 범신론자로서 지금도 이슬람 최고의 시인으로 추앙받고 있다. 그의 대표작인 '봄의 정원으로 오라Come to the garden in spring'를 살펴보면 특히 서양인의 시각에서 얼마나 사랑하는 연인들을 로맨틱한 분위기와 홍취의 단계로 이끄는지 알 수 있다. '봄의 정원으로 오라' 시의 시구는 다음과 같다.

"봄의 정원으로 오라Come to the garden in spring / 석류꽃 만발한 여기에 술과 연인이 있으니There's wine and sweethearts in the pomegranate blossoms / 만약 그대가 여기에 오지 않는다 해도If you do not come, / 이것들은 아무런 상관이 없고these do not matter / 행여 그대가 여기에 온다 해도If you do come, / 이것들은 아무 상관이 없다네these do not matter."

- 루미의 시는 시인이자 학자인 콜맨 박스Coleman Barks가 시 300여 편을 모아 출간한 시선집 〈루미 선집The Essential Rumi〉을 통해 감상할 수 있다.

1461년 출간된 루미의 시집

루미의 시는 영화 〈다이애나Diana〉에도 등장한다. 영화의 마지막 장례식 장면에 나오는데, "옳고 그름을 / 뛰어넘은 어딘가에 / 자리한 한 정원 / 난 그대를 / 그곳에서 만날 거예요.Somewhere beyond / Right and wrong / there is a garden / I will meet you there."란 시구를 삽입하여 사랑하는 사람의 판단을 따지지 않고 오직 순수한 사랑의 마음만을 간직하겠다는 영화의 테마를 간접적으로 전달한다.

초점을 바꿔 우리나라의 경우 김초혜, 원태연, 도종환, 유미성, 서정윤, 이정하, 나태주, 용혜원 등의 시인들이 사랑을 테마로 시집을 출간하여 설레는 마음으로 사랑을 시작하고, 달달함을 넘어

뜨겁게 사랑을 무르익어 가거나 힘겨운 사랑의 난관을 극복하며 만남의 의미를 되새기는 많은 이에게 적지않은 정서적 공감과 반향을 불러일으켰다. 로맨스 시의 수작 가운데 용혜원 시인의 '관심'은 "늘 지켜보며/ 무언가를 해주고 싶었다/ 네가 울면 같이 울고/ 네가 웃으면 같이 웃고 싶었다/ 바라보고만 있어도/ 행복하기에 모든 것을 포기하더라도/ 모든 것을 잃더라도/ 다 해주고 싶었다"란 시구처럼 진심 어린 마음을 고백하는 최고의 세레나데다.

유미성 시인의 '세상에서 가장 아름다운 시'는 "사랑한다"는 말이 연인이나 남편 또는 아내에게 선사하는 최고의 선물임을 재확인시켜 준다. "사랑한다는 말보다/ 더 애절한/ 말이 있을 줄 알았습니다/ 보고싶다는 말보다/ 더 간절한/ 말이 있을 줄 알았습니다/ 사랑하는 연인들의/ 호기심 어린 눈동자를 벗어나/ 그렇게/ 오랜 시간 동안 숨어있던/ 그대만을 위해 쓰여질/ 그 어떤 말이/ 있을 줄 알았습니다/ 그대만을 위한 아주 특별한 고백을/ 할 수 있기를 바랬습니다/ 하지만 난/ 오늘도 여전히 그대에게/ 사랑한다는 말밖에는/ 다른 말을 찾지 못했습니다/ 보고 싶다는 말밖에는/ 그 어떤 그리움의/ 말도 찾지 못했습니다(후략)"란 시구를 보면 그것이 뚜렷하게 드러난다.

시집 《접시꽃 당신》으로 유명해져 훗날 국회의원, 문화체육부장관으로 변신한 도종환 시인의 '영원히 사랑한다는 것은'이란 시는 "영원히 사랑한다는 것은/ 조용히 사랑한다는 것입니다/ 영원히 사랑한다는 것은/ 자연의 하나처럼 사랑한다는 것입니다/ 서둘러 고독에서 벗어나려 하지 않고/ 기다림으로 채워간다는 것입니다/ 비어 있어야 비로소 가득해지는 사랑/ 영원히 사랑한다는 것은/ 평온한 마음으로 아침을 맞는다는 것입니다(후략)"란 시구가 나타내듯이 일희일비一喜一悲하지 않는 초연한 사랑과 생에서 사로 이어지는 영원한 사랑의 의미를 음미할 수 있다.

로맨틱한 관계를 증진시키는 방법은 교감, 소통, 관심, 우대, 배려란 키워드로 정리할 수 있다. 많은 심리학자나 연인관계 전문가들의 조언에는 표현은 각기 다르지만 이런 키워드를 실천하는 방법론이 구체적으로 제시되어 있다는 것을 알 수 있다. 이와 같은 범주에서 미국의 저명한 심리치료 전문가이자 《수줍음 극복 100가지 방법—자의식에서 자신감까지100 Ways to Overcome Shyness—Go from Self-Conscious to Self-Confident》의 공동 저자인 바튼 골드스미스Barton Goldsmith 박사 역시 로맨틱한 관계를 만드는 구체적인 실행론 10가지를 제시하였다.

바튼 박사가 제시한 방법은 다음과 같다.

첫째, 파트너가 아침 늦게까지 침대에 누워 있을 때 커피 한잔을 가져다주어 아침시간을 특별하게 만들어라.

둘째, 하루 일과가 끝날 때 마다 10초간 포옹과 키스를 함으로써 깊은 유대감을 표시하라.

셋째, 집이 아닌 특별한 교외 공간에서 로맨틱한 만남을 계획하라.

넷째, 틈나는 대로 파트너에게 모든 관심을 기울일 시간을 가져라.

다섯째, 파트너에게 "아름답고, 섹시하고, 멋지다"고 말하라.

여섯째, 아침 출근 전에, 저녁 귀가할 때 파트너에게 사랑한다고 말하라.

일곱째, 혼자 쇼핑을 할 때는 파트너를 위해 작은 '깜짝 선물surprise gifts'을 준비하라.

여덟째, 파트너를 위해 직접 요리한 음식으로 저녁 식사를 대접하라.

아홉째, 어느 날 멋진 자동차를 빌려 파트너를 해변으로 데려가 저녁을 함께하라.

열째, 귀가할 때 두 송이 이상의 장미꽃을 준비해 파트너의 기분을 전환하라.

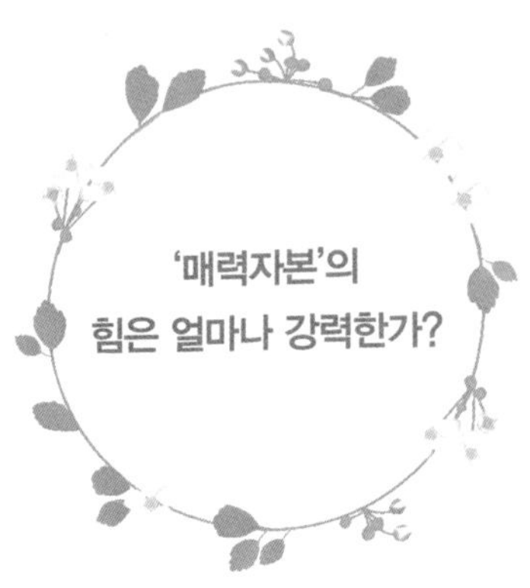

'매력자본'의 힘은 얼마나 강력한가?

남녀가 가진 고유한 매력은 '짝짓기'란 원초적이고 순수한 사랑 외에도 사회생활의 다양한 분야에서 강력한 힘을 발휘한다. '매력적인 사람'은 신체적 매력과 사회적 매력이 결합된 사람을 뜻하는데, 로맨스 심리를 자극하기 때문에 이러한 사람은 모두 친구, 애인, 동료, 고객, 의뢰인, 팬, 추종자, 지지자, 후원자 관계인 사람들의 마음을 쉽게 사로잡는다. 이렇게 '매력적인 사람'은 소속된 직장이나 조직에서 다양한 프리미엄을 유발하기 때문에 미국 사회에서 통계적으로 소득이 10~20%가 더 많다.[36] 이 결과는 영국 런던정치경제대학교 사회학과 교수를 지낸 캐서린 하킴Catherine Hakim 런던 정책연구센터 연구위원의 견해다.

하킴 연구위원은 자신의 박사학위 논문을 토대로 《매력자본: 매력을 무기로 성공을 이룬 사람들Honey Money : The Power of Erotic Captical》이란 책을 출간하였는데, 이 책에서 '매력자본Erotic Capital'이란 개념을 처음으로 제시하고, 이의 적극적인 활용을 제안하였다. 특히 여성들의 매력자본은 매우 강력한 힘을 지녔는데, 그동안 가부장 체제를 인정하거나 청교도 같은 시각을 가진 페미니스트들의 이데올로기로 인해 '비도덕', '경멸'의 의미로 터부시되어 인정되지 못하고, 활용되지도 못했다며 적극적인 활용을 주문하였다.

하킴에 따르면 매력자본은 돈, 교육, 연줄만큼 소중하며 대인관계와 조직관계에서 강력한 심리적, 사회적 영향력을 발휘한다. 소유하고 있는 재무자원과 자산을 의미하는 '경제자본', 인적자본과 정보자원을 포괄하는 '문화자본', 인맥과 네트워크 파워를 의미하는 '사회자본'에 이은 '제4의 자본'이라 규정할 만큼 중요한 자산이다.

저자는 매력자본에 대해 한마디로 아름다운 외모, 성적 매력, 활력, 사교술, 성적 능력, 자기표현 기술이 결합된 개념이라 규정하였다. 구체적으로 살펴보면 구성체는 6가지다. 그것은 첫째, 태어날 때부터 성취되거나 후천적으로 보완할 수 있는 '아름다운 외모', 둘째, 섹시한 몸과 그것의 개성과 스타일에 관한 '성적인 매력', 셋째, 우아한 인간관계 기술, 편안함과 행복함의 유발 등 자신에 대한 상대의 갈망을 야기하는 '사회적 요소', 넷째, 신체적인 건강함, 사회적인 에너지, 훌륭한 유머가 섞여 나타나는 '활력', 다섯째, 옷 입는 스타일, 화장법, 향수, 보석 등의 장식품, 헤어스타일, 사회적 지위와 스타일을 드러내기 위해 착용하는 액세서리 등을 포함하는 '사회적 표현력', 여섯째, 성적 테크닉, 열정, 야한 상상력, 장난기 등 성적으로 만족감을 주는 파트너가 되는데 필요한 모든 것을 뜻하는 '섹슈얼리티'다.

이러한 매력자본은 다른 자산과는 달리 태어나면서부터 효력을 발휘하기 시작해서 인생의 모든 단계에서 긍정적 영향을 미치는 강력한 '후광효과'를 지닌다. 성장 과정에서 주변 사람한테 관심, 배려, 도움을 많이 받고 따뜻한 대접을 받을 가능성이 높아 긍정적 심리와 밝은 성격 형성, 성취동기의 부여에 큰 기여를 한다. 잘못을 해도 관대하게 받아들여져 용서받을 가능성이 높은 데다 머리가 좋고 유능하다는 인식과 세평이 덧붙는다. 사회에 진출해서는 취업 성공률, 승진 가능성, 사업 성공 가능성, 결혼 시장에서 조건이 좋은 배우자를 만날 가능성, 사회생활에서 호의적인 대접을 받고 더 많은 협력과 도움을 받을 가능성, 협상에서 상대에 대한 설득이 보다 더 쉽게 통할 가능성, 재판에서 유리한 판결을 받을 가능성, 전과자의 재수감 방지 가능성, 연예산업에서 성공 가능성 등을 내포한다. 캐서린 하킴 교수는 매력자본의 긍정적 효과를 실증하기 위해 1991년 영국에서 실시한 연구의 주요 데이터를 다음과 같이 제시하였다.

- 전체 노동자들 가운데 매력적인 외모의 소유자는 그렇지 않은 사람에 비해 남성은 20%, 여성은 13% 소득이 각각 높게 나타났다.
- 전체 노동자들 가운데 키가 큰 사람은 그렇지 않은 사람에 비해 남성은 23%, 여성은 26% 소득이 각각 높게 나타났다.
- 전체 노동자들 가운데 신체가 비만인 사람은 보통인 사람에 비해 남성은 13%, 여성은 16% 소득이 각각 낮게 나타났다.
- 전문직 종사자 가운데 매력적인 외모의 소유자는 그렇지 않은 사람에 비해 남성은 14%, 여성은 3% 소득이 각각 높게 나타났다.
- 전문직 종사자 가운데 키가 큰 사람은 그렇지 않은 사람에 비해 남성은 17%, 여성은 12% 소득이 각각 높게 나타났다.
- 전문직 종사자 가운데 신체가 비만인 사람은 보통인 사람에 비해 남성은 14%, 여성은 9% 소득이 각각 낮게 나타났다.
- 서비스직 종사자 가운데 매력적인 외모의 소유자는 그렇지 않은 사람

에 비해 남성은 소득이 21%가 높았고, 반대로 여성은 소득이 5%가 낮게 나타났다.

- 서비스직 종사자 가운데 키가 큰 사람은 그렇지 않은 사람에 비해 남성은 소득이 34%가 높았고, 여성은 반대로 소득이 3%가 낮게 나타났다.
- 서비스직 종사자 가운데 비만인 사람은 보통인 사람에 비해 남성은 3%, 여성은 2% 소득이 각각 낮게 나타났다.

캐서린 하킴 교수에 따르면 유니폼과 복장 규정은 매력자본을 감추게 하거나 획일화 또는 균일하게 하기 위한 목적에서 존재한다. 스타들이 입는 레드카펫 의상은 매력과 지위를 확고히 지켜주거나 업그레이드해주는 유니폼으로 예외에 속한다. 경제적 관점에서 보면 이성과 제도가 규율하는 현대사회에서 야기되는 남성들의 성적 억압과 결핍은 여성이 지닌 매력자본의 가치를 더욱 높이고 있다. 여성의 매력자본이 남성의 매력자본보다 크고 많기 때문에 여성의 매력에 대한 가치가 상승하고 여성의 매력자본은 가격이 높아질수록 지불해야 할 비용이 높아지는 '기펜재'나 '상급재'가 된다.

사회가 풍요로워질수록 남녀 모두 배우자나 애인을 선택할 때 다른 요소보다 매력자본의 가치를 더 높게 평가한다는 사실은 매력자본의 발전과 활용 가능성이 크다는 것을 암시한다. 저자는 매력자본은 추상적인 개념이 아니라 측정 가능한 것이라 주장한다. 따라서 사진, 영상, 컴퓨터 이미지 조사, 정보제공자에 대한 면접조사, 자기평가, 미인대회의 평가, 사회적 기술연구, 컴퓨터를 이용한 면접조사 등을 통해 측정이 가능하다고 밝히고 있다.

4장

사랑이 폭발할 때

술은 정말
사랑의 윤활유일까?

로맨스의 본질은 불확실성이다.

The very essence of romance is uncertainty.

오스카 와일드Oscar Wilde, 〈진지해지는 것의 중요성The Importance of Being Earnest〉에서

"지인들을 통해 배우 최예슬을 만났고 가까워졌다. 지인들과 간단히 술을 마시다가 그녀에게 호감을 가지게 돼 연락을 했다. 이후 둘이서 영화도 보고 자연스럽게 만나게 됐다." (그룹 엠블랙의 지오)

"대학시절 선후배와 29개국을 일주하며 거리 공연으로 여비를 벌었다. 내가 로마에서 (현재의 남편인) 한 멤버에게 두 번이나 기습 뽀뽀를 시도했는데 당시에 여자친구가 있다며 거절했다. 그 사람이 너무 진국이라 이후 술 먹는 자리에서 모두 취했을 때 '나랑 안 사귀면 죽을 줄 알아. 엄청 후회할 거야'라고 했더니 그다음 날 남편이 만나 보자고 했다." (배우 김재화)

"여자인 내가 (현재 남편인 고명환에게) 프러포즈를 했다. 헤어졌다가 다시 사귀고서 얼마 안 돼서 민속주점에서 소주를 원샷하고 결혼하자고 했더니 고명환이 금방 얼음이 되더라." (배우 임지은)

"어느 날 자고 일어나니 하하에게서 부재중 전화가 와 있었다. 취중 청혼 문자였다. '별아 이제 우리 결혼할 나이야. 서로 먼 길을 돌아왔으니 우리 결혼하자'란 내용이었다." (가수 별)

"전시기획 일로 만나 어중간한 관계로 지내다 내가 그녀로 인해 많이 밝아졌다는 것을 느꼈다. 일에 지쳐 있던 어느 날 이 친구가 갑자기 생각 나더라. 전화를 해서 '오랫동안 방황하던 나를 잡아줘서 고맙다'

고 했다. 다음날 동네 꼬칫집에서 술을 마시다 결혼하자고 했다." (가수 이현우)

"나도 술 마시다가 고백을 받았다. 촉이 왔다. (현재의 신랑이 당시) 할 얘기가 있는데 다음에 하겠다고 하길래, 지금 하라고 말했다. 또 술 깨면 얘기하겠다고 해서 지금 당장 말하라고 했다. '나랑 사귀어줄래?'라고 하더라. 그래서 바로 '좋다'고 대답했다." (개그우먼 허안나)

실제 로맨스 심리와 로맨스의 진행 과정에서 술이 초래한 효과, 술의 힘을 빌린 효과에 관한 아티스트들의 진솔한 고백이다. 모두 방송 프로그램에 나와 한 얘기라 구구절절한 중간 과정이 생략되고 좀 더 극적으로 재구성했을 것이란 추측이 가능하지만 사랑의 과정에서 술이 일으킨 효과를 분명하게 입증한 실제 사례들이다. 로마의 웅변가이자 수사학의 대가인 키케로Cicero가 "사람은 와인(술)과 같다. 맛이 떫을 때는 나쁘지만 점점 좋아지기 때문이다"라고 말했듯이 술의 효과는 지대하다. 술의 효과는 매우 다양하겠지만 특히 사랑하는 마음을 싹트게 하고 발전시키는 효과가 돋보인다.

밤새 알코올이 저지른 '돌아올 수 없는 강'

그러나 알코올에 그런 사랑 만들기 촉진 효과가 있다고 하여 사랑에 알코올을 활용하는 것이 일반 사람들 사이에서는 크게 권장되지 않는다. 오히려 수준이나 품격이 낮거나 용기 없는 사람의 행동으로 폄훼되기 십상이다. 술을 이성 간의 관계 진전이나 사랑 고백, 결혼 프로포즈에 활용하는 것은 끼, 흥, 감성이 도드라진 예술인들에게는 보다 극적일 수 있는 소통 방식 가운데 하나일 수 있다. 러브 스토리를 보거나 듣는 제3자에게도 흥미로울 수 있다. 하지만 평범한 일반인들의 세계에서는 취중행동을 접하면 못 미더울 수밖에 없다. 한마디로 그런 사람의 행동에 신뢰가 가지 않는 것이다.

남녀 문제를 다루는 심리상담센터에는 "만난 지 꽤 오래된 남자 친구가 평소에는 말이 없다가 꼭 술에 취해야 속에 있는 얘기를 하는데 이를 어찌해야 하나요?", "만나는 오빠가 술만 먹으면 밤에 전화를 걸어 '사랑한다'고 하는데, 다른 여자들한테도 술 취해서 그러는 건 아닌지 의심스러워요", "맨 정신에는 손만 잡는 오빠가 술을 먹으면 달라지는데, 이 남자 믿어야 할까요?", "최근 남친이 술에 취해서 결혼하자고 고백했는데, 이 남자와 평생을 같이 해도 될까요?"

같은 식의 문의가 쇄도하고 있다고 한다.

결혼정보회사 듀오가 2018년 5월 14일부터 25일까지 미혼 남녀 348명(남 160명, 여 188명)을 대상으로 '결혼 프로포즈'에 대한 설문조사를 실시한 결과, 프로포즈 하기 가장 좋은 장소는 취중 프로포즈가 아닌 '추억 속 둘만의 장소'(37.4%)가 꼽혔다. 미혼 남녀가 피하고 싶은 최악의 프로포즈는 '번화가나 수많은 인파 속에서의 공개 프로포즈'(39.4%)가 1위로 나타났다.

성별로 보면 남성은 '취중 프로포즈'(18.8%)와 '가족, 친지, 친구들 앞에서의 공개 프로포즈'(10.6%)를 최우선적으로 기피하였다. 반면 여성은 기피 1순위인 취중 프로포즈 외에 '음식 속에 청혼 반지를 숨겨놓거나'(16.5%) '프로포즈 비용을 과시하는 것'(16%)을 최악으로 생각했다. 취중 프로프즈는 여자는 물론 남자들도 싫어하는 행태임을 확인시켜 주었다. '프로포즈는 누가 해야 할까'란 질문에는 남성의 경우 '남녀 구분 없이 청혼하고 싶은 사람'(54.4%), 여성의 경우 '남자'(68.1%)를 가장 많이 답하였다.

이런 실태에도 불구하고 현실의 이야기를 토대로 창작한 드라마나 영화의 경우 술이 자주 등장한다. 특히 들키고 싶지 않은 사랑 심리를 표현하거나 주저함의 벽을 넘고 관계를 진전시키는 장치나 촉매제로 설정된다. 남녀 관계에서 우연을 필연으로 만드는 도구이기에 음주 장면은 평생 '돌아올 수 없는 강을 건너는 상황'에

빼놓을 수 없는 요소다. 정극 드라마보다는 코미디 드라마일수록 더 과감하고 재미있게 묘사된다. 비록 독자들의 입장에서 나의 얘기는 절대 아니며, 현실에서는 매우 드물고 권장되지 않는 방식이지만 관객이나 시청자의 입장에서 보기에는 꽤 재미있을 수 밖에 없다.

과거 MBC 드라마 〈미치겠다, 너 땜에!〉에서 은성(이유영)은 자기 생일에 결혼식을 올린 전 남자친구 때문에 속상해 과음을 한 뒤 래완(김선호)에게 취중 키스를 퍼붓고 밤을 함께 보낸다. 다음날 일어나 현실을 인식한 둘은 컵라면에 뜨거운 물을 붓고 기다리며 은성이 말한다. "3분! 이 라면이 익는 시간이 3분이지 않나. 그 안에 정리하자. 아무 일도 없었던 걸로. 어젯밤 말이야. 기억 안 나. 굳이 기억하고 싶지도 않고." 래완은 순간 이 말에 상처를 받았으면서도 "나도"라고 답해버린다. 과거 SBS 드라마 〈우리 갑순이〉에서는 허갑돌(송재림)과 신갑순(김소은)이 술을 마신 뒤 취해 진하게 키스하고 하룻밤을 함께 보낸 뒤 다음날 아침 신갑순이 "우리가 왜 여기 있니?"라며 비명을 지르는 상황이 설정되었다.

로맨스 스토리를 다룬 영화나 드라마를 보면 종종 약간 썸 타는 친구나 선후배 사이인 남녀 주인공들이 술김에 일을 저지르는 상황이 등장하거나 취중진담이나 취중고백을 사랑의 극적 상황으로 설정한 작품들도 많다. 그것이 의도적이던 의도적이지 않던 취중

실수가 불가피한 인연을 만들어버린 것이다. 이렇듯 술은 로맨스의 매개체나 촉진제로 왕왕 등장한다. 그러면서 이상적 사랑과 현실적 사랑을 냉철하게 구분하는 경계로 작용하며 향후 전개될 로맨스의 방향을 결정 짓기도 한다.

영화나 드라마가 아닌 현실의 로맨스에서도 상황은 유사하다. 성격상 용기가 없거나 속에 있는 마음을 쉽게 겉으로 드러내지 못하는 사람들은 사랑하는 감정을 잘 표현하지 못한다. 그래서 상대에 대한 사랑이 고조된 단계에서 사람들은 어느 순간 "술김에 고백할까", "술의 힘을 빌어볼까?"란 내적 고민에 빠지곤 한다. 우리 문화권에서 연애할 때 이런 행동 양태를 보이는 커플들은 매우 많다. 이런 행동은 유려한 퍼포먼스 능력을 가진 사람의 그것보다 오히려 인간미가 있고 진실성이 있는 것으로 느껴질 수 있다.

술 마시면 별로인 상대도 정말 매력적으로 보일까

심지어 연인이나 결혼으로 맺어진 파트너가 술을 마시고 전화를 걸어와 하는 말도 단순한 주사酒邪가 아니라 뭔가 진심이 배어 있는 것으로 느끼는 경우가 많다. 아울러 술을 마시면 별로 매력적이지 않은 사람도 섹시하게 보인다는 이야기를 많이 들어봤을 것이다. 이 말은 정말 속설일까 정설일까? 사랑과 알코올은 대체 어떤 관계가 있을까? 알코올은 실제로 사랑을 촉매하거나 도와주는 요소일까? 이 명제는 사람들이 모두 궁금해 하는 주제 가운데 하나다. '비어 고글 효과Beer Goggle Effect'에 관한 연구를 토대로 팩트체크를 하면서 탐구해보자.

먼저 알코올의 효과와 영향을 살펴보자. 그간 많은 연구에 따르면 알코올은 심신의 작용을 둔화시키고 평온한 느낌을 갖도록 해주는 '진정제' 역할을 하지만 습관적으로 과량 섭취하거나 남용할 경우 중독을 일으켜 약물의존 증상을 나타낸다.[37] 다시 말해 약간의 술은 뇌를 진정시켜 스트레스를 줄여주는 작용을 하지만 과음할 경우에는 기억, 통제 기능 등에서 여러 가지 문제를 일으킨다. 술을 마시면 뇌를 자극하여 도파민이 분비되면서 쾌감을 느끼게 된다. 뇌의 판단회로에 문제가 생겨 자제력이 없어지고 평소에 억눌려 있던 감정이 분출된다. 이때 잠재된 성적 본능이나 공격성이 나타나기도 하며 주사를 부리기도 한다.

기억 회로가 끊겨 흔히 '필름이 끊겼다'고 말하는 것과 같은 아무 것도 기억하지 못하는 현상도 나타난다. 의학적으로 일시적 기억상실증이지만 이런 증상이 반복되면 알코올성 치매로 악화할 수 있다. 아울러 술을 마시면 운동회로도 약해져 신체의 조건반사 능력이 현저히 떨어진다. 몸을 비틀거리며 잘 가누지 못하게 되는 것이다. 이른바 인류가 술을 빚어낸 이후 나타난 부정할 수 없는 효과들이다.

술은 식품 가운데 역사가 가장 오래되었다고 한다. 수렵시대에는 머루, 포도 등이 자연 발효한 과실주가 애용되었다. 유목시대에는 가축(말)의 젖이 발효되어 아이락(마유주馬乳酒) 같은 젖술이 만들어졌다. 이집트 신화에 따르면 풍요의 여신 이시스의 남편인 오시리스가 곡물의 신에게 보리 맥주 제조법을 가르쳤다. 그리스 신화에는 디오니소스가 포도주를 발견한 뒤 이카리오스에게 포도주 제조법을 전수했고, 로마 신화에서는 바커스가 술을 전파해 각각 '술의 신'으로 추앙되었다.

역사가 유구한 술(알코올)은 적당량을 마시면 대인관계를 부드럽게 하는 생활의 윤활유나 촉매작용을 한다. 연인 관계에서는 더욱 그러하다. 바로 알코올의 순기능을 나타낸 심리효과가 '비어 고글 효과'다. 비어 고글 효과는 술을 마시면 이성인 상대방이 실제보다 더욱 매력적으로 보이거나 매력적으로 느껴지는 상태가 되는 것을 말한다. 맥주를 마시면 운동할 때 쓰는 색안경인 고글goggle을 쓴 것처럼 심리적 착시 효과가 나타난다는 데서 붙은 이름이다.

이 효과는 술을 마시는 사람이나 상대방에게나 서로의 관계를 진전시키는 데 매우 유용한 메커니즘이다. 연구에 따르면 음주를 하면 매력적인 사람은 더 매력적으로 보이고, 덜 매력적인 사람도 보다 매력적으로 보이는 효과를 줄 수 있다. 이는 알코올이 인간의 욕망을 촉진하기 때문이다. 연구자들은 술을 마시면 알코올 성분이 체내에서 매우 좋은 기분을 갖게 하는 엔도르핀과 도파민 등 화학물질의 분비를 촉진하여 보다 매력적인 연인과 이성 상대를 찾게 하고 유쾌한 의식주 활동을 촉진하는 에너지이자 욕망으로 작용한다고 제시하였다.

비어 고글 효과는 취기로 인한 심리적 착시

주류 상업광고에 당시 인기 있는 스타들 가운데 로맨틱한 사랑의 아이콘을 모델로 채택하는 이유도 바로 알코올이 일으키는 비어 고글 효과를 겨냥한 것으로 볼 수 있다. 술을 더 많이 마시는 남성들의 단순한 이성 상대의 상징으로 선택되었다기보다는 사랑의 감정을 유도하는 알코올의 심리작용 효과를 겨냥한 것이다. 실례로 2018년 1월을 기준으로 소주 CF 모델을 살펴보자. 대선주조의 '대선'의 가수 김건모를 제외하고는 하이트진로의 '참나무통 맑은 이슬'은 배우 김희선, 하이트진로의 '참이슬'은 가수 아이유, 롯데주류의 '처음처럼'은 가수 겸 배우 수지, 무학의 '좋은데이'는 그룹 에이핑크의 손나은 등 모두 젊은 여성 스타다.

그렇다면 비어 고글 효과는 정말 강력할까? 몇 가지 연구 결과로 그 사실을 확인할 수 있다. 영국 브리스톨대학교 리시아 파커 Lycia Parker를 비롯한 4명의 연구진은 2008년 알코올 소비가 일으키는 얼굴 자극의 매력도를 측정하는 실험을 하였다. 건강한 남녀 84명을 모집하여 남성에게는 분량 기준으로 10 또는 50 단위의 술을, 여성에게는 5 또는 35 단위의 술을 마시게 한 뒤 실험을 했다.

첫 번째, 음주 그룹과 음주를 한 것으로 가장한 그룹(플라시보 그룹)을 비교 실험한 결과는 남녀의 반응 차이 없이 음주를 한 그룹에서 플라시보 그룹보다 성적 자극제로서 얼굴 매력도가 높게 나타났다. 두 번째, 음주 전후 남녀 간 효과 차이를 비교한 경우, 남성 참가자가 여성 사진을 보는 경우에 한해 성적 매력을 느끼는 효과가 24시간 지속되었으나 여성의 경우에는 유효하지 않았다. 연구진은 남성의 경우 술에 많이 취하면 친숙하지 않은 낯선 이성 상대에 대해서도 성적 반응을 나타내는 특성이 있어 이런 결과가 나타났다고 설명했지만, 여성의 경우 그 이유가 명확히 드러나지 않았다.

연구진은 다만 여성의 경우 반응이 달랐던 이유에 대해 특유의 까다로운 짝짓기 행동 때문이거나 나쁜 짝을 만나는 것에 대하여 여성이 남성보다 더 큰 두려움을 갖고 있기 때문이라고 분석하였다. 큰 틀에서 여성이 짝을 선택할 때 더 높은 수준의 선택을 하거나,[38]

남녀가 다른 진화적인 이유evolutionary basis를 가지고 있기에[39] 여성의 선택이 까다롭다고 결론지은 기존의 연구 결과와 일맥 상통한다.

다른 연구도 이런 결과를 지지하고 있다. 세인트 앤드류와 글래스고우대학교의 공동연구에서 남성과 여성은 25% 이상이 술을 마시지 않은 이성의 얼굴보다 적절한 음주를 한 이성 얼굴이 더 성적 매력이 있다고 답한 것으로 조사되었다.[40] 이에 앞서 영국 브리스톨대학교에서는 최소 700cc 정도까지 맥주를 마신 84명의 대학생들을 대상으로 실험한 결과, 남녀의 차이가 없이 적당량의 맥주를 마신 뒤 15분 지난 뒤 성적으로 이성 상대의 얼굴이 다른 얼굴보다 10% 이상 매력도가 높은 것으로 조사되었다.[41]

만취보다는 적절한 음주에서 정서적 공감이 커진다

2014년 〈알코올과 알코올리즘〉이란 저널에 인간은 음주 후 살아있는 대상이나 무생물 대상 모두에 매력을 느낀다는 연구 결과가 발표되었다. 2008년 팬스테이트대학교 연구진이 초파리의 일종인 '과실파리fruit fly'를 상대로 한 실험에서 비어 고글 효과의 적용이 인간에게만 국한되지 않는다는 점을 재확인하였다. 연구진은 오랫동안 알코올에 노출된 수컷 과실 파리는 암컷 짝을 찾는데 알코올에 노출되기 전보다 까다롭지 않은 모습을 나타냈으며, 특히 술에 취한 암컷이 수컷과의 짝짓기에 적극적이었다. 당시 별도로 103명의 피험자들을 대상으로 음주 전후 이성의 얼굴과 풍경 이미지를 보여준 뒤 측정했더니 음주를 한 사례에서 이성의 얼굴이 매력적이며 풍경도 아름답다는 반응을 얻었다.

2016년 9월 20일 미국 〈폭스뉴스〉 보도에 따르면, 스위스 바젤 대학병원의 연구팀이 남녀 60명을 대상으로 실시한 실험연구 결과, 술을 마신 이후에는 사람이 더욱 친절해지고 다른 사람들에게 더 매력을 느낀다는 사실을 확인하였다. 연구원들은 남녀 동수를 대상으로 정기적으로 알코올성 맥주와 무알코올성 맥주를 마시게 한 뒤 얼굴 인지, 정서적 공감, 성적 흥분 등의 분야에서 다양한 검사를 하였다. 그 결과 알코올이 함유된 맥주를 마신 사람들은 다른 사람 곁으로 다가가려 하고 더 말을 많이 하려는 성향을 나타냈다. 이런 사교적인 욕망은 여성과 초기 행동 억제력이 높은 참여자들에게서 두드러지게 나타났다. 참가자들이 행복한 얼굴을 더 빨리 인식하게 되면서 알코올 성분이 참가자들로 하여금 정서적 공감을 높이는 것으로 확인되었다.[42]

모든 참가자에게 성적으로 노골적인 내용의 야한 사진을 보여주었더니 알코올성 맥주를 마신 사람들은 중립적 내용의 사진보다 유쾌하게 평가했으나, 무알코올성 맥주를 마신 참가자들은 중립적 내용의 사진보다 '덜 유쾌한 것'으로 평가하였다. 이런 평가는 여성 참가자들에게 더욱 두드러졌는데, 연구자들은 음주 자체가 반드시 성적 흥분 자체를 강화하는 것은 아니라고 결론지었다. 성별에 따라 효과의 강도가 다르게 나타난 것은 같은 양의 알코올 섭취를 했을 때의 남녀 간 혈중 알코올 농도의 차이, 사회문화적 요인에 따른 음주 후 자제력의 차이에서 비롯된 것으로 분석된다. 알코올을 섭취했을 때 발산되는 감정과 인지가 반드시 실제 행동과 일치하지 않을 수 있고 음주 역시 개인 간 결합을 촉진하는 옥시토신 호르몬의 분비에 큰 영향을 미치지 않을 수 있다는 점도 고려할 요소다.

알코올 효과의 강도에 따른 논의는 다양하다. 마티아스 리에티 Matthias Liechti 선임 연구원은 "맥주 소비와 우호적 태도 변화를 연계하는 많은 선행연구가 있지만 음주가 정서적, 사회적 정보 처리에 미치는 영향에 대한 과학적 데이터는 놀랍지만 많지 않다"고 말했다. 연구진은 오스트리아 비엔나에서 개최된 유럽신경정신의학 학회ECNP, European College of Neuropsychopharmacology 회의에서 연구 결과를 발표하고, 학회 학술지에 논문을 게재하였다. ECNP 과학 프로그램위원회 전 위원장인 반 덴 브링크Wim van den Brink 교수는 "알코올 효과의 강도에 관한 다양한 주장에도 불구하고 이 연구는 알코올이 사회적 윤활제이며 술을 적절하게 사용하면 성생활과 성적 활동에서 더 행복하고 사교적으로 변하게 해주며 주저함이나 거리낌을 감소시켜 준다는 전통적 지식을 재확인시켜 주었다"고 평가하였다.

비어 고글 효과는 24시간만 유효하다

음주량과 비어 고글 효과는 어떤 상관관계가 있을까? 결론적으로 음주는 그 양이 적당할 때 효과를 발휘한다. 음주량이 지나치면 비어 고글 효과가 나타나지 않고 오히려 판단 착오에 따른 결례나 잠재된 심리가 겉으로 드러나면서 무례한 행동은 물론 성적 난폭 행위까지 나타날 수 있다. 역대의 많은 연구가 비어 고글 효과를 인정하고 신뢰하면서도 과음은 절대 금물이라고 경고하는 이유다.

미국에서는, 물론 모두가 그런 것은 아니지만 연인끼리 신년 인사나 신년 키스를 하기 전에 가볍게 와인이나 샴페인을 즐겨 마시는 경우가 흔하다. 이성과 밤에 바, 레스토랑, 카페, 펍Pub 등에서 술을 마신다는 것은 이성 상대와의 로맨스를 염두에 둔 행위로 인식된다. 특히 소셜미디어의 발달로 온라인 데이트 족이 늘어나면서 온라인을 통해 친한 관계를 맺은 남녀가 개인 또는 집단(그룹, 모임) 단위로 만남을 청한 이후 오프라인 바bar에서 짝을 구하는 일이

흔해지고 있다. 적당한 음주를 하고 그런 분위기 속에서 개인의 경우 연인으로서 적합 여부를 판단하고, 집단의 경우 많은 사람들 가운데 자신에게 맞는 이성 상대를 찾는 것이 자연스럽기 때문이다.

2003년 영국의 연구진은 과학저널 〈어딕션Addiction〉에 눈에 띄는 연구 결과를 발표하였다. 연구진은 80명의 남녀 대학생을 바와 레스토랑에 모아 놓고 술을 마시기 전후 그림 속에 있는 남녀를 보여주며 각각 매력의 차이를 측정하였다. 연구 결과는 남성과 여성 모두 그림 속의 이성 사진에 대해 술을 마시기 전보다 술을 마신 후 더 매력적으로 느낀 것으로 조사되었다. 이어 2005년 미국의 맨체스터대학교 연구진은 맥주를 500cc만 마셔도 취기가 돌아 이성 상대를 매력적으로 여기는 효과가 나타났으며, 술기운이 유지되는 24시간 동안 그 효과가 지속된다고 밝혔다. 알코올 성분이 관심, 매력, 쾌락, 흥분과 관련된 인지와 정보 처리를 담당하는 뇌의 부분을 자극하여 판단에 영향을 주는 것으로 연구진은 분석하였다. 이 연구에서 어두운 곳, 안경을 벗은 경우, 담배 연기가 있는 경우, 거리가 1m 이내인 경우 이 효과가 더욱 두드러져 장소의 조명 밝기, 피험자의 시력, 담배 연기가 들어찬 정도, 두 사람 간의 거리 등이 비어 고글 효과의 변수로 작용하는 것으로 나타났다.

알코올이 성적 매력이나 성적 호감도를 증진시키는 효과를 나타낸다는 사실이 확인된 가운데 영국 브리스톨대학교의 자나 반 덴

에블라Jana Van Den Abbeela 교수를 비롯한 5명의 연구진은 2015년 신체와 건강 상태가 양호한 18~30세 남녀 40명(평균값 20세)을 대상으로 알코올과 성적 행동의 상관관계를 규명하는 실험 연구를 실시하였다. 일주일당 남성에게는 분량 기준 10 또는 50 단위의 술을, 여성에게는 5 또는 35 단위의 술을 마시게 하였다. 그리고 실온을 똑같이 유지한 채 이성 앞 1.5m 앞에 선 채로, 술 마시기 전, 저농도인 0.4g/kg의 술을 마시게 한 후, 고농도인 0.8g/kg의 술을 마시게 한 후 등 세 가지 경우로 나눠 얼굴 사진을 찍게 한 뒤 그 사진을 보고 실험 참가자가 느끼는 성적 매력도를 8점 척도로 측정하게 하였다.

그 결과 피험자들은 술을 전혀 마시지 않은 상태의 얼굴보다 음주 상태의 얼굴이 성적으로 매력적이라고 답했다. 특히 저농도 음주 상태의 얼굴이 고농도 음주 상태의 얼굴보다 더 매력적이라고 답한 것으로 나타났다. 저농도 음주란 체중 70kg의 성인 기준 14%의 와인 250ml를 마신 상태와 같은 수준이었다. 연구진은 이성에게는 술을 적당히 마셔 부드럽게 취한 상태의 얼굴이 성적으로 매력적이며 만취 상태의 얼굴은 성적 난폭 행동을 유발하기 때문에 선호하지 않는 것으로 결론지었다.[43]

이와 관련 런던 로햄튼대학교 연구진은 알코올이 상대 얼굴의 '비대칭'을 인지하는 능력을 손상시키기 때문에 술을 마시면 이성

고농도 음주 상태의 얼굴은 매력적으로 보이지 않는다.

상대가 평소보다 더 매력적으로 보이는 것이라고 설명하였다.[44] 로햄튼대학교 연구진은 실제 64명의 학생들을 대상으로 학교 인근 술집에서 대칭 얼굴과 비대칭 얼굴로 짝을 지은 20개의 사진과 단일 사진 20개를 보여주면서 실험한 결과 짝을 지은 20개 사진에 대해 알코올 음주자는 분간을 하지 못하고 더 매력적이라고 응답했다. 매력적이란 반응은 여성보다 남성에게서 두드러졌는데, 남성의 경우 여성보다 시각적인 측면에서 성적 자극을 더 잘 받기 때문이다.

술과 야한 영화가 성적 매력과 반응에 어떤 상관관계가 있는지 규명한 연구도 있다. 마인드리서치네트워크 니콜 프라우즈Nicole

Prause와 아이다호주립대학교 캐머런 스태일리Cameron Staley 등 연구진은 2011년 21세 이상 성인 남녀 44명(평균값 24세)의 피험자를 대상으로 실험을 하였다. 음주를 한 그룹(알코올 섭취량 0.25g/kg과 0.8g/kg)과 주스를 마신 그룹으로 나눠 각각 중립적인 수위의 영화와 성적 표현의 농도가 짙은 '19금 영화'를 보게 하였다. 구체적으로 1차(각 그룹이 무알콜 상태에서 중립적인 영화 15분, 야한 19금 영화 3분을 차례로 시청 후 체크), 2차(각 그룹이 알코올과 주스를 5분간 마신 뒤 중립적인 영화 20분, 야한 19금 영화 3분 시청 후 체크), 3차(각 그룹이 알코올과 주스를 5분간 마신 뒤 중립적 영화 20분, 야한 19금 영화 3분 시청 후 체크)로 나눠 차례로 측정하였다.

그랬더니 주스만 마신 그룹과 달리 음주의 양에 관계없이 술을 마신 그룹에서는 음주 후 남녀 모두 중립적 영화를 본 뒤 혈류가 상승해 얼굴, 가슴, 목, 복부가 붉게 변하거나 그런 곳에 붉은 반점이 생기는 성 홍조sex flush란 성적 반응이 나타났다. 음주를 한 후 야한 19금 영화를 본 그룹에서는 남녀 모두 생식기에 흥분 반응이 나타났다. 그러나 남성은 음주량이 적은 경우에는 반응이 강하게 나타나지는 않았다.[45] 연구진은 섭취하는 알코올 농도가 높을수록, 영화 내용이 야할수록 성적 반응을 증진한다는 사실을 확인하였다. 다만 알코올이 사람들로 하여금 성관계 의도를 더 갖게 한다는 점에 대해서는 검증 결과 직접적 관계가 없다고 결론지었다.

술에 취하면 이상형이 달라질까

비어 고글 효과는 이성의 선호 스타일에도 영향을 줄까? 즉 술을 마시면 선호하는 얼굴이 음주 전과 달라질까? 그렇다면 여기에 남녀의 차이가 있을까? 이런 의문을 풀어보자. 먼저 영국 런던 로햄튼대학교 인간과생활과학대학 하세Halsey와 후버Huber 교수 등 4명의 연구진은 2010년 알코올 소비 후 매력에 관한 인간의 인지능력이 어떻게 달라지는지를 실험하였다. 로햄튼대학교 심리학과 학생 가운데 비음주자 36명, 음주자 28명, 이것도 저것도 아닌 상태 5명 등 69명의 참가자들을 대상으로 두 가지 실험을 하였다.

첫 번째 실험은 같은 사람의 대칭형 얼굴 사진과 이를 변형해 비대칭 얼굴로 만든 복제 사진을 동시에 보여주고 선호도 차이를 비교하는 것이었다. 이 실험에서 술을 마시지 않은 실험 참가자와 술에 취한 참가자는 모두 '비대칭 얼굴'보다 '대칭형 얼굴'에 매력을 느끼는 것으로 나타났다.[46] 그러나 대칭형 얼굴에 매력을 느끼는 강도(뚜렷함의 정도)는 술에 취한 참가자들보다 술을 마시지 않은 참가자들에게서 더욱 높았다. 술에 취한 사람도 대칭형 얼굴을 더 좋아하지만 술을 마시지 않은 상태보다는 판단이 흐릿하며, 이 때문에 비대칭 얼굴에 매력을 느낄 개연성도 높다는 뜻이다.

두 번째 실험은 한 사람의 얼굴 사진을 보여주고 대칭형인지 아닌지 분별하도록 하는 것이었다. 이 실험에서 술을 마시지 않은 참가자는 술을 마신 참가자보다 얼굴이 대칭인지 비대칭인지 더 잘 분간하였다. 술에 취하면 얼굴의 비대칭 여부를 분간하는 능력이 현저히 떨어진다는 뜻이다. 술이 대칭형 얼굴에 대한 선호와 분간에는 어느 정도 상관관계가 있었다.[47] 이 실험에서 주목할 만한 사실은 남성들이 여성들보다 음주 여부에 관계없이 이성의 얼굴이 비대칭인지 아닌지 분간하는 데 실수를 더 적게 하였다는 것이다. 연구진은 이성의 얼굴이 대칭일 때 남성이 여성보다 더 큰 매력을 느낀다는 보고[48]도 있고, 남성이 여성보다 짝 선택을 하는 데 있어서 외모가 차지하는 비중이 크다는 연구 결과[49]를 통해 이를 어느 정도 설명할 수 있다고 결론지었다. 그러나 이런 연구 경향과 달리 대칭 얼굴과 비대칭 얼굴의 선호에 관하여 남녀 간의 차이가 전혀 없다는 연구[50]도 제시되고 있어 후속 연구를 계속 살펴볼 필요가 있다.

비어 고글 효과를
사랑의 계기로 설정한 영화들

비어 고글 효과를 다룬 예술 콘텐츠는 영화 〈내 머리 속의 지우개〉

와 〈내 생애 최악의 남자〉가 있다. 전자가 비어 고글 효과의 순기능을 다뤘다면 후자는 역기능을 다뤘다고 평가할 수 있다. 올리비아 와일드와 제이크 존슨이 주연한 영화 〈드링킹 버디즈Drinking buddies〉는 평생 후회할 원치 않는 파트너를 선택하는 과정에 비어 고글 효과를 동원함으로써 결국 이 효과를 경계해야 할 대상으로 묘사하고 있다는 점에서 참고할 만하다.

하지만 남녀를 불문하고 활용해야 할 입장에 있는 사람한테는 이 비어 고글 효과가 일생의 운명을 바꿀, 절호의 기회를 쟁취할 최후의 수단일 수 있기에 활용가치가 높은 것이다. 맘에 드는 상대가 있다면 술의 힘을 빌려서라도 그의 마음을 쟁취한다면 매우 극적인 희열과 보람을 느낄 것이다. 영화는 픽션 그 자체에 불과하지만 때로는 현실보다 더 현실적인 경우가 많다. 프로야구 중계방송 해설가들은 승부의 고비마다 "야구는 몰라요!"를 외친다. 그들의 말처럼 로맨스에서도 "사랑은 몰라요!"가 정답이다. 패색이 짙은 9회말에도 절호의 승부처를 만들어 뒤집는 프로야구 경기처럼 사랑도 '끝내기 안타'나 '역전 만루 홈런'이 충분히 가능하기 때문이다. 사랑에 있어서는 오르락내리락하는 고비가 심리를 오묘하게 자극하기에 '완투승'이나 '완봉승'이 오히려 매력이 덜한 것이 될 수 있다.

영화 〈내 머리 속의 지우개〉는 수진(손예진)과 철수(정우성) 사이에 연이어 일어나는 일을 묘사하며 시작한다. 평소 건망증이 심했던 수진이 편의점에 놓고 온 콜라와 지갑을 가지러 다시 편의점을 가다가 문 앞에서 우연히 철수를 만난다. 이후 수진이 퇴근길에 오토바이를 탄 남자로부터 핸드백 날치기를 당하자, 그 뒤처리를 철수가 도와주면서 만남이 이어진다. 철수와 수진은 서로 친해져 어느 날 저녁 포장마차에 마주앉아 소주를 마신다. 철수는 수진의 잔에 소주를 가득 채우고 수진은 말없이 받는다.

이때 철수가 수진에게 "이거 마시면 나랑 사귀는 거다"라고 말한다. 수진이 "안 마시면?"이라고 살짝 튕기자 철수는 "볼일 없는 거지, 죽을 때까지"라 말한다. 이에 수진은 잔에 가득한 술을 거리낌 없이 한꺼번에 들이켜 버린다. 이에 철수는 키스를 퍼붓고 수진이 이에 응해 뜨거운 러브신이 펼쳐진다. 둘은 비어 고글 효과를 입증하듯 달달한 감성을 뿜어내며 사귄다. 이후 철수의 청혼으로 둘은 결혼하지만 수진의 망각 증상은 점점 더 심해지고, 결국 수진이 알츠하이머병에 걸렸음을 알게 된다.

영화 〈내 생애 최악의 남자〉는 비어 고글 효과로 사랑을 했다가 인생을 크게 후회하는 상황을 다룬 로맨틱 코미디 영화다. 10년간 친구로 지내온 노처녀 주연(염정아)과 성태(탁재훈)는 같이 술을 마시다가 대형 사고를 저지른다. 술김에 함께 자버린 둘은, 이후 서먹서먹함을 없애는 대신 영원한 우정을 확인하기 위해 화해주를 마신다. 그러나 그 술자리에서 취해 다시 사고를 치면서 둘은 어쩔 수 없이 결혼한다. 그런데 신혼의 단꿈도 잠시뿐, 결혼식 다음날 그동안 애타게 찾던 완벽한 이상형이 그들 앞에 나타난다. 그들이 꿈에 그리던 이상형은 각각 미연(윤지민)과 재훈(신성록)이었다. 비어 고글 효과로 일어난 매우 엉뚱하고 난감한 처지를 그린 것이다. 코미디 극이라서 재미있게 설정한 구도이긴 하지만 현실 세계에서 '술을 빙자한 대형사고'는 쉽게 용납되지 않는다.

영화 〈드링킹 버디즈〉는 맥주 회사란 일터를 중심으로 남녀 사이의 묘한 감정관계를 밀도 있게 그리며 진실한 인간관계가 무엇인지 생각하게 하는 영화다. 극중 '맥주'는 친구와 연인을 나누는 경계境界 역할을 하는 미장센으로 설정된 듯하다. '비어 고글 효과'는 이 영화에서 옳지 않는 연애를 결정하게 만드는 장치로서 관객으로 하여금 이런 연애는 경계해야 한다는 의미로 그려져 있다.

주인공 루크(제이크 존슨)와 케이트(올리비아 와일드)는 시카고 맥주 회사에서 함께 일하는 동료이자 서로에게 가장 편안한 친구다. 루크에게는 6년간 만난 여자 친구 질이 있고, 케이트에게도 잘 나가는 음반 프로듀서인 남자친구 크리스가 있다. 그러나 이렇게 친한 넷이서 함께 여행을 다녀온 이후 모든 것이 삐걱거리기 시작한다. 감정의 변화와 함께 미묘한 줄다리기가 시작된 것이다. 케이트는 남자친구 크리스와 헤어지고 질은 먼 곳으로 여행을 떠난다.

그러다 보니 루크는 케이트가 무척 신경 쓰인다. 케이트도 자꾸만 루크에게 기댄다. 루크와 케이트는 서로 비슷한 것도 많고 감정도 유사한 것 같아 사랑하는 듯 하지만 좀처럼 속내를 드러내지는 않는다. 아침저녁으로 맥주와 스피릿을 마시며 진한 농담을 주고받지만 진심 고백이 쉽지 않다. 게이트가 맥주를 마시고 싶어 하는 설정은 애정적 긴장감이 완화되는 심리적 상황을, 선글라스를 쓸 때에는 자신의 감정을 드러내고 싶지 않을 때를 상징하는 듯하다. 사랑의 결말은 여느 로맨스 영화와 달리 관객들이 전혀 예측하지 못한 방향으로 귀착된다.

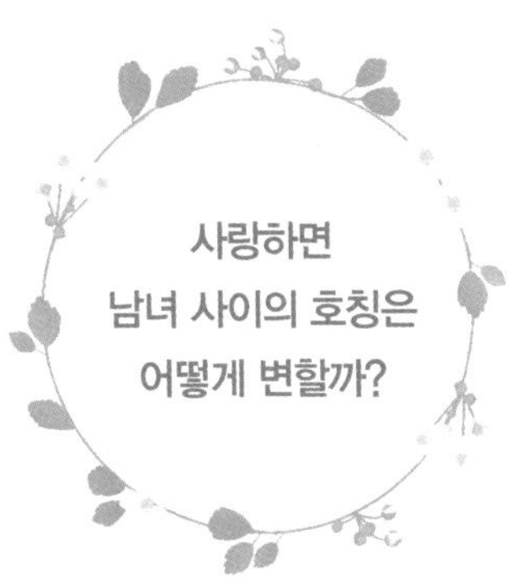

사랑하면 남녀 사이의 호칭은 어떻게 변할까?

서로 모르던 사이나 친하지 않은 남녀가 로맨틱한 사랑을 하여 연인이나 부부 관계로 발전하면 상호간 호칭이 어떻게 달라질까? 이런 질문에 대한 답은 독자들마다 다르며 그 차이에 나타난 양태는 매우 다양할 것이다. 매우 친숙한 구어적인 호칭을 사용하는 커플들이 있는가 하면 전통적인 가족관계의 호칭에 충실하여 서로를 호명하는 커플들도 있기 때문이다.

언어학자 유송영은 "남녀는 관계 발전에 따라 전략적이고 의도적인 견지에서 호칭을 바꾸어가며 사용한다"고 결론을 지었다. 지인에서 연인으로, 연인에서 부부로 발전하는 과정에서 전략과 의도가 가미되어 호칭이 사용된다는 의미다. 이는 과거 〈보고 또 보고〉, 〈우리가 남인가요〉 등의 지상파 TV 드라마 전편을 분석하여 연구한 결과다.

첫째, 연구에 따르면 동일한 화자는 동일한 청자(파트너)에게 친밀성의 정도나 깊이 변화에 따라 매우 전략적으로 둘 이상의 호칭이나 지칭어를 교체 사용한다. 향후 관계 진전 의지와 계급, 신분, 직급, 나이 차이, 짝짓기에 관한 사회적 통념이나 고정관념에 어긋나는 사이(동생의 친구, 누나의 친구, 친구의 옛 애인, 먼 사돈, 라이벌 회사나 라이벌 집안의 자녀 등) 같은 난관을 극복하려는 의지를 심리적으로 반영하고 있기 때문이다.

남녀 간 관계 발전에 따른 호칭 변화

구분		첫 만남	관심 고조기	관계 발전기	연인 관계	부부 관계
남자 연상, 여자 연하 커플	여자 → 남자	그분	이병헌씨	병헌씨	병헌씨	병헌씨
	남자 → 여자	손예진씨	손예진씨	예진씨	예진아	예진
여자 연상, 남자 연하 커플	여자 → 남자	정해인씨	해인씨	해인씨	해인씨 (해인아)	해인씨
	남자 → 여자	손예진 선배님, 손대리님	손선배	예진씨	예진씨 (누나)	예진씨

둘째, 남자가 연상인 커플과 여자가 연상인 커플은 파트너에 대해 동일한 호칭을 사용하지 않는 것으로 분석되었다. 구체적으로 남자가 연상인 커플들은 남자와 여자가 공통적으로 친해지기 전에는 '이름＋씨'를 대칭적으로 사용하다가 연인이나 부부관계로 발전하면 남자는 여자에게 '이름'을, 여자는 남자에게 '이름＋씨'를 비대칭적으로 사용하였다. 반면 여자가 연상이고 남자가 연하인 커플들의 경우 남자가 여자에게 '성＋직위＋님' 또는 '성+선배'를, 여자는 남자에게 '이름＋씨'를 사용하다가

관계가 연인이나 부부로 진전되면 남자와 여자가 서로 '이름＋씨'를 쉽게 사용하였다. '이름＋씨'는 낯설음과 친근함 사이의 점이지대인 셈이다.

셋째, 우리 사회에서 커플 간 호칭은 연인이나 부부가 되기 전까지는 나이가 일차적인 결정 요인이 되지만, 연인이나 부부가 된 이후에는 기존의 전통적인 가정문화가 호칭 결정을 지배하는 것으로 나타났다. 다시 말해 남녀가 관계가 맺어지면 유교주의 중심, 남성 중심 또는 남성 우위의 문화가 작용하여 친근한 이름이나 애칭보다 성性이 적용되고 있음을 알 수 있다. 결혼에 의해 생겨난 새로운 가족이나 친지들이 사용하는 호칭에 의해 영향을 받기 때문이다.

그러나 이 연구는 참고할 가치가 많지만 2001년에 발표된 논문이라는 점, 시민들의 일상 대화가 아닌 TV 드라마를 중심으로 분석했다는 점을 감안해서 받아들여야 한다. 이후 20년 가까이 시간이 흐른 지금 세대도 바뀌고 사회적 인식도 크게 변하였기 때문에 연인, 부부간 호칭에도 변화가 있을 수 있으며 실생활에서 통용되는 양태와 다소 차이가 날 수 있다는 뜻이다.

사랑하는 사이의 남녀 간 호칭은 오늘날 실제 생활에서 보면 남자는 여자에 대해 '자기', '달링', '이름＋야', '이름＋씨', '성＋직급＋님', '자녀 이름＋엄마', '여보', '당신' 등으로, 여자는 남자에 대해 '오빠', '이름＋오빠', '자기', '달링', '우리 애기', '성＋직급＋님', '이름＋씨', '자녀 이름＋아빠', '여보', '당신' 등 매우 다양한 호칭을 사용하고 있다. 인터넷에서 누리꾼들이 쓰는 말이 실생활을 상당 부분 파고 들고 있는 것을 보면, 현재에 또 어떤 호칭이 생겨나고 있는지는 다 알 수 없다.

5장

사랑이 완성될 때

지속가능한 사랑을 위한 마음 교집합

사랑은 서로를 응시하는 것이 아니라, 함께 같은 방향을 내다보는 것이다.

Love does not consist of gazing at each other,

but in looking outward together in the same direction.

앙투안 드 생텍쥐페리Antoine de Saint-Exupéry, 《에어맨 오디세이Airman's Odyssey》에서

"사랑은 혼자 있는 방에서는 성숙할 수 없다. 그것은 기쁨, 열망, 낙담, 그 모든 것을 함께 나눌 때 온다. 그것이 사랑의 유일한 실제적인 길이다." (작가 레온 우리스Leon Uris의 영화 〈삼위일체〉에서)

"풋내기 사랑은 네가 필요하기 때문에 너를 사랑한다고 하지만, 성숙한 사랑은 너를 사랑하기 때문에 네가 필요하다고 말한다." (심리학자 에히리 프롬Erich Fromm의 《사랑의 기술》 중에서》)

"누군가를 온전히 사랑한다는 것은 상대의 홍안, 미소, 건강뿐만이 아니라 백발, 눈물, 죽음까지도 사랑해야 한다는 것을 말한다." (만해 한용운의 《님의 침묵》, '사랑하는 까닭'이란 시에서)

"사랑은 결코 성취가 아니며, 인생은 절대 지속적인 행복이 아니다. 사랑에는 낙원이 없으며 싸우고 웃고, 고통스럽고 행복을 느끼는 것이니 다시 싸워라! 싸워라, 싸워라. 그것이 인생이다." (소설 《채털리 부인의 사랑》을 쓴 데이비즈 허버트 로렌스David Herbert Lawrence)

"사랑이란 그대들의 머리 위에 승리의 월계관을 얹어 주기도 하지만 고통의 가시관을 씌워 주기도 한다. 사랑은 오직 사랑 이외에는 아무것도 주지 않으며 사랑 이외에는 어떤 것도 구하지 않는다. 사랑은 사랑으로 충분하며 완전하다." (칼릴 지브란Kahlil Gibran의 《예언자》, '사랑에 대하여'란 시에서)

성숙한 사랑, 충만한 사랑 그리고 완벽한 사랑에 대한 시인, 작가, 사상가들의 고언은 많은 것을 생각하게 해준다. 여러 번 반복하여 읽으며 음미하면 할수록 색다른 묘미가 느껴진다. 그들의 통찰력과 직관은 알다가도 모를 것 같으며 전혀 공식이 작동하지 않는 로맨스의 본질과 방법론을 단숨에 일갈한다. 나아가 로맨스를 넘어선 더 큰 사랑의 의미까지 일깨워주고 인생의 지도까지도 그리는 데 도움을 준다. 이런 경구가 성숙한 사랑이나 완벽한 사랑에 대한 철학적 조건과 의미를 보다 짙게 제시해주고 있다면 지금부터는 사랑의 주체인 개인에 초점을 맞춰 그런 사랑을 하기 위한 심리적 조건에 관해 살펴보고자 한다. 사랑이 무르익기 위해서는 심리적으로 무엇이 필요한지 탐구하는 것이다.

로맨스가 달달하게 무르익어 커플이 서로 최고 수준의 행복감을 느끼는 상태가 되려면 심리학적 견지에서는 몇 가지 조건을 갖춰야 한다. 이는 만족스러운 사랑, 충만한 사랑을 하기 위한 요소다. 그런 조건을 완전하게 갖추지 못하면 마음에 빈 구석이 생기고 점차 사랑하는 관계에 금이 가기 시작한다. 일부는 깊이 있는 대화나 여행을 통해 서로 간에 문제를 해결해 보려고 애쓰고, 일부는 자신을 위무하고 나름의 해답을 찾기 위해 심리상담소나 정신과의 상담 창구를 찾는 경우도 있다. 누구나 완전하거나 충만한 사랑, 행복감이 가득한 사랑을 하기가 쉽지 않기 때문에 이 문제는 시대를 불문하고 뜨거운 감자다. 이제 '사랑의 삼각형 이론Triangular Theory of Love'을 중심으로 누구나 소망하는 그 '충만한 사랑'에 대한 결론을 이야기할 때가 되었다.

친밀감, 열정, 결정/헌신이 균형을 이뤄야 한다

만족스러운 사랑을 하려면 어떤 요소들이 갖춰져야 할까? 충만한 사랑, 지속가능한 사랑을 하려면 무엇이 서로 조화를 이뤄야 할까? 매우 어려운 문제다. 그러나 사랑의 삼각형 이론은 이 문제에 대한 해답을 제시한다. 즉 우리가 시작하여 지속하는 사랑의 양은 사랑의 기본 요소인 친밀감intimacy, 열정passion 그리고 결정decision/헌신commitment의 절대적 강도와 이런 요소들 간의 균형에 달려 있다는 이론이다. 다음 그림처럼 사랑의 세 가지 구성 요소를 삼각형 꼭짓점에 각각 배치했을 경우, 정삼각형의 모습에 가까울수록 세 가지 요소가 균형을 이룬 이상적 사랑이며, 사랑의 에너지, 크기, 양이 증가할수록 삼각형의 면적도 넓어진다.

진화 심리학자인 미국 예일대학교 심리학과 로버트 스턴버그Robert Sternberg는 1986년 모든 사랑은 서로에게 끌리기 때문에 시작된다며 다양한 많은 사랑을 분석한 결과 사랑의 기본 요소로 친밀감, 열정, 헌신이란 기본 요소를 발견하였다. 헌신의 경우 종종 결정과 묶어 '결정/헌신'으로 표시한다. 사람이 누구를 사랑하게 되면 친밀감, 열정, 결정/헌신이 자연적으로 나타난다는 뜻이기도 하며, 누군가를 사랑하여 그 사랑이 지속되려면 이 세 가지 요소가 반드시 필요하다는 의미이기도 하다.

사람은 사귀는 관계에서 처음에 서로에게 매력을 느껴 친밀한 관계가 형성되면, 곧바로 사랑에 빠지고 서로에게 헌신하여 마침내 안정적인 관계와 생활에 접어든다. 스턴버그의 최초 연구에서 남녀 사이의 '낭만적 사랑'은 친밀감과 열정이 있어야 성립되지만 헌신은 거의 없는 것으로 나타났다.[51] '동료애'의 경우 열정은 거의 없지만 친밀감과 헌신이 이상적으로 조화되어 있다. '공허한 사랑'

표 11 사랑의 기본 요소

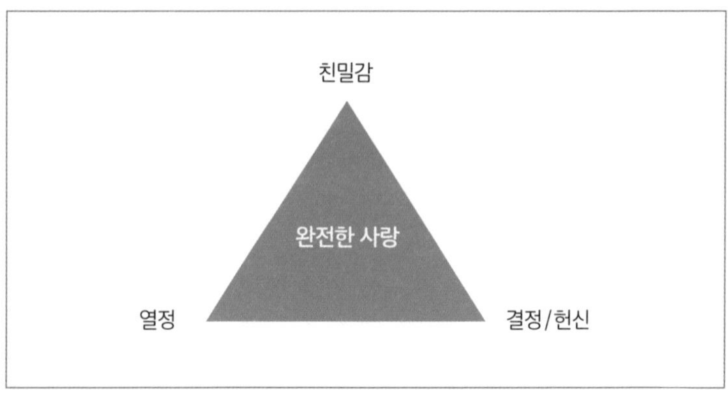

은 불행하게도 열정과 헌신만 있다. 따라서 사람들 사이에 사랑이 지속되려면 세 가지 요소 가운데 적어도 두 가지 요소에 의존해야 하며, 제대로 된 사랑이라면 세 가지 요소가 완벽하게 조화를 이뤄야 한다.[52]

스턴버그가 사랑하는 관계의 핵심을 이루는 요소인 친밀감, 열정, 결정/헌신의 조합을 토대로 진단한 사랑의 관계는 구체적으로 〈표 12〉와 같이 분류할 수 있다. 3가지 요소의 존재 유무와 조합에 따라 커플들의 사랑 양태와 성격은 판이하게 달라진다.

표 12 사랑의 유형 분류

사랑의 유형	사랑의 구성 요소		
	친밀감	열정	결정/헌신
사랑이 없음	×	×	×
좋아하는 단계	○	×	×
도취적 사랑	×	○	×
공허한 사랑	×	×	○
낭만적 사랑	○	○	×
우애적 사랑	○	×	○
얼빠진 사랑	×	○	○
완전한 사랑	○	○	○

첫째, 사람 사이의 관계에서 친밀감, 열정, 결정/헌신이란 사랑의 요소 세 가지가 아무것도 존재하지 않는다면 '사랑이 없음'의 상태다. 이런 상태는 대다수 사람들이 사회생활을 하면서 경험하는 상태로, 일상적 인간관계에 따른 상호작용 외에는 다른 감정적 미동이나 터치가 나타나지 않는다. 처음 보거나 접촉 회수가 미약한 사람과의 관계에서 이런 현상은 더욱 두드러진다.

둘째, 둘 사이에 열정과 결정/헌신은 결여된 채 친밀감만 존재한다면 '좋아함'의 상태라 진단할 수 있다. 우리가 흔히 '좋아한다'와 '사랑한다'의 차이를 설명해보라고 할 때, '사랑'의 단계로 발전하지 못한 '호감' 수준을 의미한다. 당연히 애정은 없고 그냥 정서적 유대와 온화함이 깃든 관계다. 인생의 행로에서 도움과 위로가 되어주는 진정한 친구 관계이거나 지인이라 할 수 있다. 이성의 경우 애정이 배제된 사람 친구를 뜻하는 '남사친'이나 '여사친'도 여기에 해당한다. 이런 감정은 강한 열정이나 장기적 헌신이 없어도 유지되기 때문이다.

셋째, 둘 사이에 오직 열정만 있다면 '도취적 사랑'이다. 한마디로 '첫눈에 반한 사랑'이다. 정서적 흥분이 결합되어 사랑을 표현하거나 상대에 극도로 도취된 나머지 자신의 감정을 이입하여 아름다운 그림을 그리듯 이상적, 환상적으로 끌어올린 사랑이라 할 수 있다. 무엇에 홀려 사랑을 한 것과 같은 상황이다. 상대에게서 강한 성적 매력을 느껴 정신적 흥분을 동반하지만 헌신과 친밀감을 형성할 기회나 유대가 없어 일방적으로 '가슴앓이'를 하는 경우가 많다. 이런 사랑은 시간적으로도 즉흥적으로 생겼다가 금방 사라질 수 있다.

1979년 테노브D. Tennov는 이런 사랑을 '리머런스limerence'라 표현하였다. 리머런스는 '누군가를 향한 집착적, 강박적인 감정'이란 어의와 마찬가지로, 상대에 대한 집착적이고 강박적 사랑이다. '도취적 사랑'은 영화나 드라마에서 사랑 이야기의 극적 효과를 강조하기 위한 스토리텔링으로 자주 설정되는 사랑의 유형이다. '첫눈에 반한 사랑'은 언제나 사람들의 마음을 설레게 하기 때문이다. 그러나 이런 도취적 사랑으로 연애를 시작했다면 나중에 깨질 가능성이 매우 높다. 그 이유는 자신이나 상대를 있는 그대로, 현실의 모습 그대로 보지 않고 이상화하였기 때문에 도취상태에서 깨어나면 그대로 문제가 드러나 심각해지기 때문이다. 또 다른 이유는 자신이 감정이입이 되어 상대에 홀렸기 때문에 상대의 반응 역시 상대의 진심보다는 자신의 욕구를 투사하고 있다는 점이다. 마지막 이유는 자신이 생각하는 상대의 마음과 상대가 자신을 생각하는 마음의 격차가 커서 시간이 흐를수록 관계의 비대칭성에 따른 스트레스가 심해질 것이라는 점이다.

넷째, 상대에 대해 열정과 헌신만 있다면 '공허한 사랑'이다. 만난 시간은 오래되었지만 정서적 밀착이나 육체적 매력의 상호동화가 없었다면 이런 유형에 해당된다고 할 수 있다. 한 마디로 시간만 지체되고 관계의 진전 없이 다람쥐 쳇바퀴 돌듯이 공전하는 애정 관계를 나타낸다. 물론 이런 관계가 애정의 종결을 의미하지는 않는다. 오래 지속되는 경우도 많다. 내조, 헌신, 기여를 덕목으로 삼은 조선시대 같은 유교사회에서는 이런 사랑도 결혼생활에서 애정 관계의 하나로 통용되었을지 모른다. 그러나 현대사회의 결혼생활에서 다른 요소는 없고 오직 헌신만이 남아 있다면 남은 결혼생활을 활기차게 이끌 동력이 없기에 불행할 수밖에 없다. 어떤 상담과 처방을 받아도 해결책을 찾기 쉽지 않다. 연애를 할 때도 관계가 끝날 무렵에 이런 상태가 많이 나타난다. 한 사람은 여전히 상대에게 자신의 마음을 몰입하는데 상대는 진정성이 결여된 채 몰입한 상대에게 미안해하며 '감정적 빚'이 쌓여가고 있음을 느끼기에 둘 사이의 간극은 좁혀지기 어렵다.

다섯째, 결정/헌신은 없고 친밀감과 열정만 있다면 '낭만적 사랑'이라 할 수 있다. 둘 사이에 정서적, 육체적으로 밀착되어 있으니 미리 뭔가 계획하거나 헌신하지 않아도 뜨거운 감정을 표현하면서 '달달한 사랑'이 가능한 것이다. 낭만적 사랑에서 헌신은 사랑의 필수 요소가 아니기 때문이다. 낭만적 사랑을 즐기는 연인들은 의외로 복잡한 생각을 하지 않고 서로의 느낌, 감각, 매력, 호감, 유사성 등을 우선시하여 파트너를 찾는다.

낭만적이기만 한 사랑은 이기적일 수 있다

낭만적 사랑은 오늘날 많은 사람이 정서적 충만을 위해 추구하는 사랑이지만 다른 한편으로는 이기적인 측면이 강하다. 즉 뜨겁고 달달한 사랑을 나누는 것은 서로 공감하지만, 서로 사랑에 대한 의무감이나 관계지속 의지가 약한 것이 특징이라서 결혼을 전제로 할 경우 압박을 느껴 관계가 단절될 수 있다. 그러나 서로 사랑을 지속하려는 의지가 강해지고 합의가 이뤄지면 결혼하는 경우도 있다. 요즘처럼 '만혼족晩婚族', '싱글족single族', '비혼족非婚族'이 많이 생겨난 시대에 로맨틱한 사랑은 갈구하지만 복잡한 것은 싫어하는 사람들 사이에 더욱 각광을 받는 사랑일 수도 있다.

사랑의 동기와 전개 특징 면에서 낭만적 사랑이 도취적 사랑과 별 차이가 없다고 분석한 연구자[53]도 있었지만 스턴버그는 이를 분명하게 반박하였다. 스턴버그는 낭만적 사랑과 도취적 사랑 둘 다 모두 육체적 매력에서 싹이 트는 경우가 많다는 점은 유사점이라고 설명하였다. 그러나 낭만적 사랑은 남녀의 우정 관계에서도 움터서 이성적인 견지에서 서로의 유사성을 발견하면서 승화한다

표 13 사랑의 성격 분류

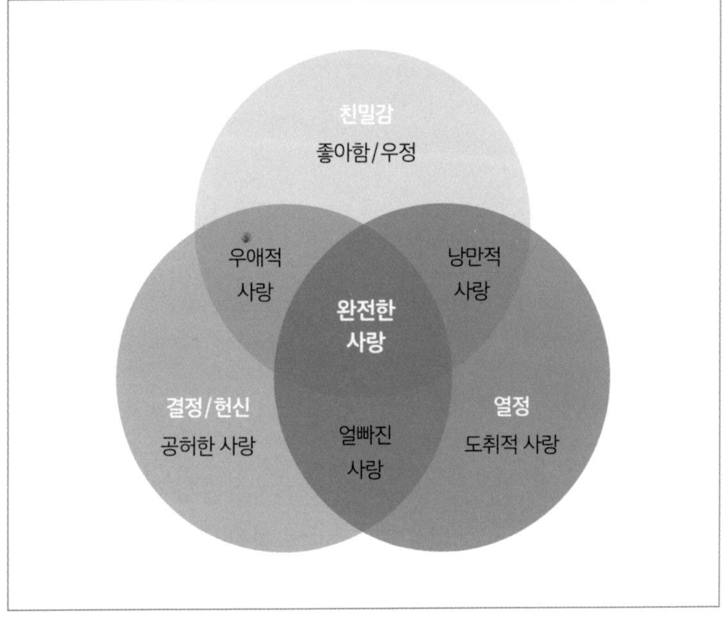

는 점에서는 도취적 사랑과는 다르다고 평가하였다.[54]

여섯째, 열정은 없고 친밀감과 헌신만이 존재한다면 '우애적 사랑'이라 할 수 있다. 상대에 대한 이해심과 배려를 기초로 한 헌신성은 이미 높은 단계로 습관화되어 있지만 상대에 대한 뜨거운 열정이나 성적 관심, 육체적 매력도가 현저히 낮아져 우정처럼 고착화된 상태다. 낭만적 사랑의 퇴행 단계에서 나타난다. 특히 결혼한 지 오래된 부부들에게서 많이 나타나는 관계다.

부부로서 서로를 잘 이해하게 되고 가정을 원만하게 유지하기 위해 힘쓰는 양태이기 때문에 흔히 '중년 부부의 사랑' 상태라 말한다. 이들에게는 전부는 아니지만 뜨거운 낭만적 사랑의 유효기간이 거의 끝난 경우가 매우 많다. 이들은 미운 정 고운 정 다 들어서 포기할 것은 포기하고 이해할 것은 이해하면서 살아가기에, 흔히 "우린 정으로 산다"고 말한다.

일곱째, 친밀감이 전혀 없이 열정과 헌신만이 강했다면 '얼빠진 사랑'이다. 급하게 짝을 찾아 결혼하려는 사람들에게서 나타나는 지혜롭지 못한 사랑이다. 만난 지 며칠 만에 결혼하는 할리우드 멜로 영화와 같은 사랑, 즉 번갯불에 콩 볶아 먹듯이 진전시킨 사랑이다. 소통, 관계 진전, 사랑의 몰입에는 충분한 시간이 필요하다. 그런데 서로가 그런 시간적 여유를 갖지 못한 채 결혼과 같은 특정한 목적을 염두에 두고 사랑을 하게 되면 '얼빠진 사랑' 유형이 나타난다. 이런 유형에서 사랑을 지탱하는 가장 큰 에너지는 열정인데, 시간이 흐르면서 이것이 무너지면 그나마 남아 있는 헌신도 의미가 없어진다. 뿌리가 견고하지 못하여 열정과 헌신을 쏟아낸 후 지치면 오래가지 못할 위험성이 있다. 그런 경우에 처한 사람은 실의에 빠져 우울증을 동반하기도 한다.

여덟째, 사랑의 구성 요소인 친밀감, 열정, 헌신이 모두 존재하며 이것이 고루 안배되어 균형적으로 작동하는 사랑은 '완전한 사랑'

이다. 사람이라면 누구나 추구하는 성숙한 사랑이다. 이때 삼각형은 세 가지 요소가 같은 크기로 조합을 이뤘기에 정삼각형의 모습을 나타내며, 사랑의 크기나 양이 늘어날수록 삼각형의 크기도 커진다. 성숙한 사랑은 완성하기도 어렵지만 완성했다 해도 지키기는 더욱 어렵다. 누구나 이런 균형 잡힌 사랑을 갈망하지만 사람들의 심리나 마음은 시시각각 변하고 각 개인의 개성, 특징, 성향, 가치관은 잘 변하지 않기 때문이다.

사귄 기간이 오래되었어도 사회적 배경, 경제적 배경, 종교적 사유 등 그 밖의 다양한 사유로 인하여 갈등이 시작되면 사랑이 식거나 헤어질 수 있기 때문에 사람들은 갈등의 미연 방지와 해소, 안정적인 관계 지속에 관심을 둔다. 사랑하는 상대를 선택하는 과정에서 미리 관계 지속의 안정성을 담보할 수 있는 예방적 조치를 취하는 것이다. 이런 과정은 확률을 매우 중시한다는 점이 특징이다. 관점이 비슷한 사람들, 자신이 필요한 자원을 가진 사람들, 자신과 사회적 지위가 같은 사람들에게 쉽게 끌리거나 그들을 일생을 함께 할 상대로 우선 고려하는 것도 바로 이런 이유 때문이라고 볼 수 있다.

완벽한 사랑에는 자신감, 개방성, 포용력이 필요하다

완전한 사랑, 완벽한 사랑은 친밀감, 열정, 헌신으로만 가능할까? 미국 심리학자 존 웰우드John Welwood는 자신의 책 《완벽한 사랑, 불완전한 관계Perfect Love, Imperfect Relationships》에서 완벽한 사랑을 위해서는 인간관계의 결점을 인식하고 자신의 존재와 삶을 사랑하는 자신감을 익히며, 상대에 대한 개방성과 포용력을 갖추는 것이 필요하다고 설명하였다. 자신과 타인에게 완전히 마음을 터놓을 때 비로소 완전한 사랑을 할 요건이 갖춰진다는 의미다. 보다 성숙한 시각으로 내면의 자신감과 자아 수용성 확보를 강조한 것이다.

이 두 가지 요소는 우리 안에서 잠자고 있는 '사랑의 씨앗'을 싹 틔우고, 자라게 하며, 꽃을 피우고, 열매를 맺게 해준다. 아울러 친밀감, 열정, 헌신이라는 요소와 어우러져 삶을 긍정하고 삶에 의미를 부여하는 독특한 선물을 제공한다. 웰우드 박사는 완전한 사랑은 우리 자신이나 삶을 완전히 개방하고 수용성을 갖추었을 때 자연스럽게 우리 안으로 들어오며, 상대방은 그것에 대한 반응으로써 사심 없는 배려를 나타낸다고 설명하였다.[55]

이렇게 사랑이 쌍방향으로 작용하며 서로 척척 호흡을 맞추듯이 매끄럽게 소통하며 교감을 나누게 되면 사람들은 행복, 감사, 삶의

완전한 사랑을 위해서는 친밀감, 열정, 헌신이 고루 조화를 이뤄야 한다.

기쁨을 경험하게 되며, 이것이 완벽한 사랑의 경지다. 웰우드는 사람들과 한계를 두지 않고 서로 순수하게 사랑하고, 사랑하는 상대로부터 사랑과 보살핌 그리고 인정을 받는 것은 인간으로서 큰 축복이라고 덧붙였다. 한편 〈요한복음〉(4:18)에서는 "정작 두려움을 무서워하는 사람은 사랑에 완전히 빠져 있지 않은 것"이라며 "완벽한 사랑은 두려움이 없는 사랑, 두려움을 물리치는 사랑"이라 제시하고 있다.

그렇다면 나의 애정 관계는 어떻게 측정할 수 있을까. 스턴버그는 '사랑의 삼각형 측정 척도'를 제시하여 누구나 상대를 특정하여 측정이 가능하도록 하였다. 척도 측정 문항에서 첫 번째 15개 문항은 친밀도를, 그다음 15개 문항은 열정을, 마지막 15개 문항은 헌신을 반영한다. 이 세 가지 그룹별 점수를 합산해 〈측정 표의 해석〉에 따라 살펴보면, 사랑의 정도를 확인할 수 있다.

피험자나 내담자는 먼저 진술문을 읽고 문장의 공란에 피험자가 사랑하거나 깊이 아끼는 사람의 이름을 적고, 그 뒤 그 정도를 측정하여 왼쪽 공란에 9점 척도로 분류한 1~9 사이(1: 전혀 그렇지 않다, 5: 보통이다, 9: 매우 그렇다)의 숫자를 기입한다. 그다음 영역별 점수를 합산하여 점수에 맞는 해석 표를 보고 자기의 사랑 상태를 진단한다.

해석표에 따라 점수를 계산해보자. 합산 점수를 산정한 결과 첫째, 친밀감의 경우에는 111이 평균치로, 93 이하이면 평균치에 매우 미달한 수준이며, 129 이상이면 평균을 매우 초과한 상태다. 열정의 평균치는 98이며, 73 이하이면 평균치에 매우 미달한 수준, 123 이상이면 평균을 매우 초과한 수준이다. 헌신의 평균치는 108이며, 85 이하이면 평균치에 매우 미달한 주준, 131 이상이면 평균치를 매우 웃도는 수준이다. 결과적으로 삼각형을 구성하는 사랑의 세 가지 요소는 각각 친밀감, 열정, 헌신 순으로 111, 98, 108이 평균 수준이며, 129 이상, 123 이상, 131 이상이면 완전함에 가까운 사랑을 하고 있다고 평가할 수 있다.

스턴버그는 세 가지 구성 요소 모두에서 평균치를 초과하는 높

표 14 사랑의 삼각형 측정 척도

1 나는 (   )의 웰빙(행복)을 적극적으로 지원하고 있다. ______
2 나는 (   )와 따뜻한 관계를 유지하고 있다. ______
3 나는 필요할 때마다 (   )를 의지할 수 있다. ______
4 상대인 (   )는 필요할 때마다 나를 의지할 수 있다. ______
5 나는 (   )와 나 자체와 나의 소유물에 대해 기꺼이 공유한다. ______
6 나는 (   )로부터 상당한 수준의 감정적 지원을 받고 있다. ______
7 나는 상대인 (   )에게 상당한 수준의 감정적 지원을 해주고 있다. ______
8 나는 (   )와 의사소통을 잘 한다. ______
9 나는 (   )를 내 인생에서 만난 위대한 사람으로 평가한다. ______
10 나는 (   )와 가깝다고 느낀다. ______
11 나는 (   )와 편안한 관계를 갖고 있다. ______
12 나는 내가 (   )를 진심으로 이해하고 있다고 생각한다. ______
13 나는 (   )가 나를 진심으로 이해하고 있다고 생각한다. ______
14 나는 내가 (   )를 진심으로 신뢰할 수 있다고 느낀다. ______
15 나는 (   )와 나에 관한 사적인 정보를 깊이 나눈다. ______
16 (   )를 단지 보는 것만으로도 내가 자극받아 흥분된다. ______
17 나는 하루에 종종 (   )를 생각하고 있다는 것을 자각한다. ______
18 나와 (   )의 관계는 매우 로맨틱하다. ______
19 나는 (   )가 개인적으로 매우 매력적임을 알고 있다. ______
20 나는 (   )를 이상형으로 그리고 있다. ______
21 나는 (   )가 나를 행복하게 해주고 있는 한 다른 이성을 상상할 수 없다. ______
22 나는 다른 어떤 누구와 있는 것보다 (   )와 함께 있는 것이 낫다. ______
23 나는 (   )와의 관계가 다른 어떤 것보다 중요하다. ______

24 나는 특별히 ( )와의 신체적 접촉(스킨십)을 좋아한다. ______
25 나는 ( )와의 관계에서 거의 마법과 같은 일이 있다. ______
26 나는 ( )를 흠모한다. ______
27 나는 ( )이 없는 인생을 생각할 수 없다. ______
28 나와 ( )의 관계는 열정적이다. ______
29 로맨틱 무비나 로맨틱한 내용의 책을 보면 ( )가 생각난다. ______
30 나는 ( )에 열광한다. ______
31 나는 ( )를 보살피고 있다는 것을 알고 있다. ______
32 나는 ( )와 관계를 유지하기 위해 헌신하고 있다. ______
33 나는 ( )에게 헌신하고 있기 때문에 다른 사람이 우리 둘 사이에 끼어드는 것을 허용하지 않는다. ______
34 나는 ( )와의 안정적 관계에 대해 확신을 갖고 있다. ______
35 나는 무엇이든 ( )에 대한 어떤 방식의 헌신을 하지 않는다. ______
36 나는 ( )에 대한 나의 사랑이 남은 일생 동안 지속될 것으로 예상하고 있다. ______
37 나는 항상 ( )에 대해 강한 책임감을 느낄 것이다. ______
38 나는 ( )에 대한 헌신을 견고한 것으로 보고 있다. ______
39 나는 ( )와의 관계가 끝나는 것을 상상할 수 없다. ______
40 나는 ( )에 대한 나의 사랑을 확신한다. ______
41 나는 ( )와의 관계가 영원할 것으로 보고 있다. ______
42 나는 ( )와의 관계가 좋은 선택이라 보고 있다. ______
43 나는 ( )에 대한 책임감을 느끼고 있다. ______
44 나는 ( )와의 관계를 계속 이어갈 계획이다. ______
45 내가 ( )를 상대하기 힘들어진다 해도 나는 우리 관계를 위해 헌신할 것이다. ______

표 15 측정 표의 해석

구분	친밀감	열정	헌신
해당 문항	1~15	16~30	31~45
평균에 매우 미달	93	73	85
평균치 약간 이하	102	85	96
평균 수준	111	98	108
평균치 약간 이상	120	110	120
평균을 매우 초과	129	123	131

은 점수를 받으면 '완벽한 사랑'을 하고 있다는 뜻으로 해석할 수 있다고 밝혔다. 그러나 점수가 고르지 못하거나 낮다고 해서 반드시 관계가 견고하지 않거나 좋지 않음을 의미하는 것은 아니라고 설명하였다. 실망할 필요가 없다는 의미다. 본질적으로 인간관계에서 모든 개별적 관계는 내용, 밀착도, 강도 면에서 오르내림이 있기 때문에 사람 관계도 시간이 흐르면서 진폭을 달리하며 변할 수 있다.

사랑의 3요소는 시간이 지나면서 어떻게 변화할까

친밀감, 열정, 결정/헌신은 유효기간에서 독특한 특성을 나타내기 때문에 실제 사랑하는 사람이나 잠재적으로 사랑할 관계에 있는 사람과의 인간관계에서 효율적인 관리와 성패가 매우 중요하다. 밀접한 인간관계를 설명하는 맨들러[56]와 버쉬드[57]의 정서 이론에 따르면 친밀감은 정서적 요인이기에 성공적인 관계에서는 점진적으로 상승하지만 실패한 관계에서는 일정 기간을 지나면 급감하는 특징을 나타낸다. 친밀감은 서로가 처음 만난 이후 만남을 계속 거듭하면서 상대에 대한 불확실성과 불안감이 제거되고 상대에 대한 예측 가능성이 확보되어야 생기기 시작한다. 반대로 서로 간섭, 불신이 늘어나 관계가 파탄나면 친밀감은 급격히 줄어든다. 친밀감이란 정서, 동기, 인지가 동시에 작용하는 대인관계에서의 유대, 즉 결속력의 결과물이기 때문이다.

솔로몬[58]의 후천적 동기 부여의 대립 과정 이론 등에 따르면, 열정의 강도는 경험적인 측면에서 급격하게 상승했다가 계단식으로 감소하는 특성을 나타낸다. 열정은 사람을 만나고 상대의 매력에 끌리면서 나타나는 감정인데 매우 가변적이며 불안한 특징을 갖고 있다. 열정은 인간의 경험에 의한 후천적 동기로서 사람이 처한

표 16 친밀감, 열정, 결정/헌신의 특성과 유효기간

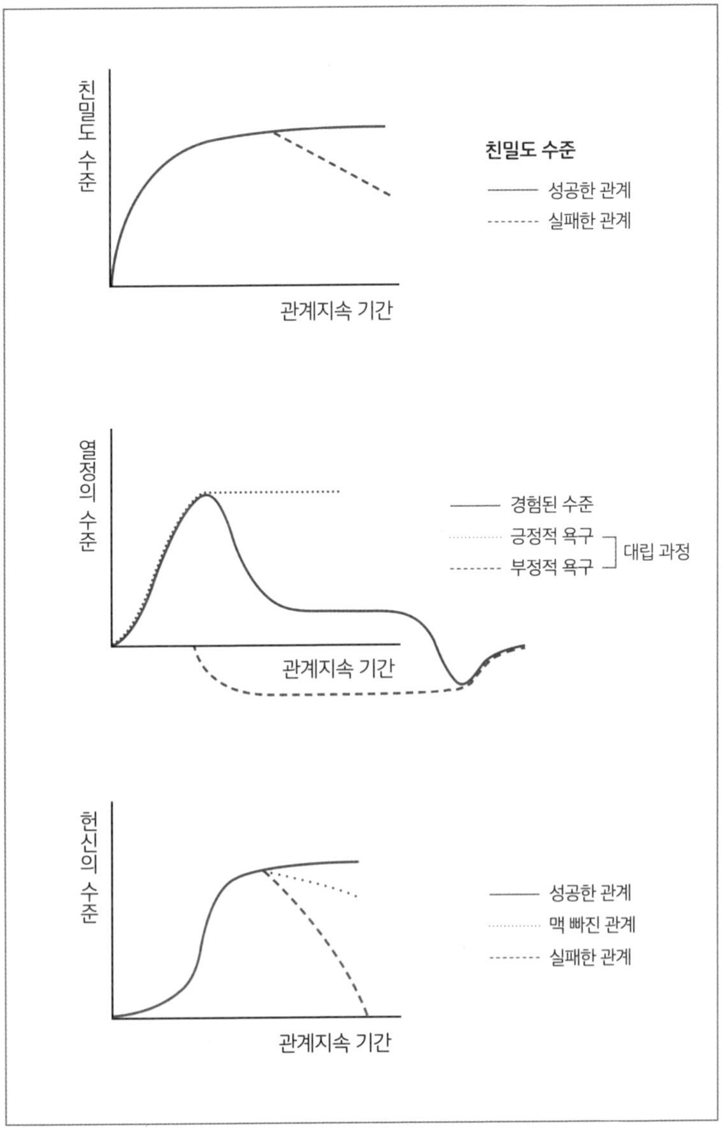

상황(애정 관계의 정도)에 따라 긍정적 표출 과정과 부정적 표출 과정이란 이원적 구조를 나타낸다.[59]

열정의 긍정적 표출 과정은 급격하게 발전해 치솟았다가 급격하게 감소하는 모습을, 부정적 표출 과정은 느리게 형성되었다가 느리게 사라지는 특징을 나타낸다. 즉 안정된 사랑은 열정이 급격히 상승해 완만하게 유지되는 모습을, 실패한 사랑은 정점에서 계단식으로 소멸하는 특징을 보인다. 열정이 원점(0의 상태) 이하로 떨어지면 정서적으로 우울증, 격노, 극도의 정서불안 등이 나타날 수 있다.

스턴버그에 따르면 결정/헌신은 처음에는 매우 완만하게 상승하다가 관계가 진전되면 급속하게 속도를 내다가 약간 더뎌지는 'S자 곡선' 모양을 나타낸다. 사람을 처음 만나면 탐색기를 거쳐 점차 서로를 알게 되고 신뢰가 형성되면 결정/헌신이 점차 늘어나기 시작한다. 장기적인 인간관계의 관점에서 보면 서로 어느 정도 신뢰가 형성되고 향후 관계를 더 진전시켜야겠다고 판단되면 그때부터 결정/헌신이 급속도로 강화된다. 이런 메커니즘은 장기간에 걸쳐 형성되며 관계가 상당히 안정되면 결정/헌신의 가파른 상승이 S자의 머리처럼 다소 완만하게 변한다. 그러나 인간관계가 맥이 빠지면 약화되기 시작하고, 실패할 경우 급감해 원점(0의 상태)으로 회귀하는 특성을 나타낸다.

스턴버그 이론에 대한 검증 과정도 매우 흥미롭다. 심리학자 초나

키와 왈시[60]는 스턴버그가 처음 제시한 '사랑의 삼각형 척도' 검사의 신뢰성과 타당성을 검증하기 위해 심리학개론 수업을 듣는 학생을 상대로 실험을 하였다. 수강생 가운데 데이트를 하는 학생 90명을 상대로 2주 동안 측정토록 했는데 두 차례의 측정과 검증 결과 사랑의 삼각형 이론은 내적 일관성이 있다는 점을 확인하였다. 과학적으로 설득력을 인정받았다는 뜻이다.

마이클 아커Michele Acker와 마크 데이비스Mark Davis도 스턴버그[61]의 이론이 유효함을 입증하였다. 이들은 1992년 204명의 성인을 대상으로 자기보고서 형식의 설문을 하여 분석한 결과 헌신은 보다 깊은 관계, 즉 결혼하지 않은 사람보다 결혼한 사람들에게서 높았다. 열정은 남자에게서만 시간이 흐를수록 줄어드는 것으로 나타났다. 친밀도의 경우 만남의 기간이 길어질수록 줄어드는 현상이 보편적으로 나타나지는 않았다. 헌신은 관계가 오래될수록 관계의 만족도를 측정하는 가장 강력하고 일관된 요소로 확인되었다.[62]

로버트 레믹스Robert Lemieux와 제럴드 헤일Jerold. Hale은 처음에는 사랑의 삼각형 이론에 관한 이전의 연구들이 친밀감, 열정, 헌신이란 세 가지 요소의 측정에만 중점을 두어 문제가 있는 것으로 보았다. 그래서 여러 차례 실험 연구를 해보았다. 첫 번째 실험은 233명(여자 123명, 남자 110명)의 젊은이들을 대상으로 로맨틱한 관계를 분석하였다. 그 결과 친밀감, 열정, 헌신이란 세 가지 요소가 분명하게 드러났고, 이들 요소가 사랑의 만족감에 대한 중요한 변수임을 확인하였다. 친밀감과 헌신 항목에서 여자들이 남자들보다 높은 점수를 주는 성적 차이가 드러났다.[63]

이어 추가적인 실험을 실시하였는데, 실험은 일상적으로 데이트하는 커플, 과도하게 데이트하는 커플, 약혼한 커플, 결혼한 커플 등 446명의 사람들을 대상으로 진행하였다. 그 결과, 친밀감과 관계의 지속기간은 열정과 관계의 지속기간과 마찬가지로 심한 부적 상관관계(반비례 관계)가 나타났다. 헌신과 관계의 기간은 매우 높은 정적 관계(정비례 관계)가 나타났다. 친밀감과 열정은 각각 사귀는 기간이 길어질수록 감소하지만 반대로 헌신의 수준은 증가한다는 뜻이다.

이 실험에 참가한 네 부류의 커플 가운데 친밀감과 열정의 정도는 약혼한 커플이 상대적으로 높게 나타났고, 결혼한 부부는 낮았으며, 일상적으로 데이트하는 커플이 가장 낮은 수치를 기록하였다. 이들은 2002년 이전의 실험 대상자와 같은 446명을 대상으로 다시 실험하여 분석한 결과 친밀감과 관계의 지속기간, 열정과 관계의 지속기간은 모두 각각 반비례하였으며 헌신과 관계의 지속기간은 비례하였다.[64] 이전의 실험과 동일한 결과를 얻은 것이다.

제임스 그레이엄James Graham은 로맨틱한 사랑을 다룬 81개의 연구 논문(103개 표본과 1만 9,387명으로부터 얻은 데이터)을 대상으로 메타분석을 한 결과 로맨틱한 사랑 관계에서는 흔히 말하는 일반적인 사랑, 적절한 수준의 로맨틱한 집착, 실용적인 우정이 나타났다. 사랑은 긍정적이었지만 집착은 관계의 만족 정도 및 기간과 부정적으로 연계(반비례 관계)되어 있었다. 그레이엄은 이 결과가 사랑을 개념화하고 사랑 연구에서 자기 보고보다 정교한 측정 방법이 필요하다는 점을 나타낸다고 설명하였다.

국내 연구에서도 STLS Sternberg's Triangular Love Scale를 애인과 부부관계에 각각 적용한 연구가 보고되었다. 먼저 전한얼 · 권창현 등 2016은 연애 중인 대구대학교 3~4학년 남녀 재학생 각 30명씩 총 60명을 대상으로 연애를 '미혼의 남녀가 친구관계 이상의 상호작용을 3개월 이상 하는 것'이라고 정의하여, 사랑의 3요소의 상관관계에 대해 분석하였다. 결론은 사랑의 3요소 간 관련성이 있고, 연애 과정에서 남녀 모두 '열정'과 '책임감'보다 '친밀감'이 높으며, 3요소는 남성이 여성보다 모두에서 높은 것으로 나타났다. 구체적인 결과는 다음과 같다.

첫째, 연구 결과 남녀는 각각 사랑의 3요소 가운데 친밀감(남 M(평균값) = 4.41, 여 M = 4.10)이 열정(남 M = 4.06, 여 M = 3.53)과 책임감(남 M = 4.06, 여 M = 3.56)보다 유의하게 높았으며, 남녀 모두 열정과 책임감 간에는 유의한 차이를 나타내지 않았다.

둘째, 성별 차이를 비교해보았을 때 남성에게서 친밀감(남 M =

4.41, 여 M = 3.97), 열정(남 M = 4.06, 여 M = 3.53), 책임감(남 M = 4.11, 여 M = 3.55) 모두 여성보다 유의하게 높게 나타났다.

셋째, 연애 기간 및 횟수와 사랑의 3요소 간에는 유의미한 상관성이 나타나지 않았으며, 연애기간이 3개월 미만일 때 친밀감, 열정, 책임감 모두 가장 높은 점수를 나타냈다. 특히 친밀감, 열정, 책임감은 각각 3개월~1년 미만일 때 감소하였다가 1년 이상일 때 다시 증가하는 양상을 보였다. 친밀감은 연애횟수가 1~2명일 때보다 3명 이상일 때 더 높았고, 반대로 열정과 책임감은 3명 이상일 때보다 1~2명일 때 더 높은 정도를 나타냈다.

사랑의 3요소 강도는 U자 패턴을 그린다

최혜경 · 강진경 · 신수진(1999)은 STLS를 우리나라 부부들의 사랑에 적용하여 성인 기혼자 1,687명(남성 668명, 여성 1,019명)을 대상으로 1995~1998년 설문조사 등을 통해 연구하였다. 모집단의 결혼 연차별 부부 평균연령과 분포 비율은 결혼 1~5년차 평균 29.21세(전체 모집단의 31.0%), 6~10년차 35.44세(14.1%), 11~15년차 39.43세(12.0%), 16~20년차 44.57세(14.3%), 21~25년차 49.44세 (11.1%), 26~30년차 54.09세(7.9%), 30년 초과 61.92세(9.6%)로 집계되었다.

연구 결과 우리나라 부부들의 사랑은 친밀감, 열정, 책임감의 다차원적 개념으로 구성되었다는 것이 확인되었으며, 이들 세 가지 요소의 강도는 결혼 지속기간의 경과에 따라 'U자형' 패턴을 나타냈다. 'U자형' 패턴이란 결혼 5년차까지는 세 가지 요소가 대체로 높고, 이후부터 정체를 보이다가 결혼 30년 시점부터 다시 회복세를 나타냈다는 것을 뜻한다. 신혼 초기~5년차에는 새로운 인연 맺음의 시작이라 부부 간에 긍정적 인식이 강하고 자녀 양육, 교육, 출가가 끝난 30년차 이상의 노년에는 갈등이 줄어들고 신뢰를 중심으로 살아가기 때문이다.

이 연구에서 사랑의 세 가지 구성 요소 간의 평균점수는 책임감,

표 17 결혼 연차별 부부간 사랑의 3요소의 강도 변화

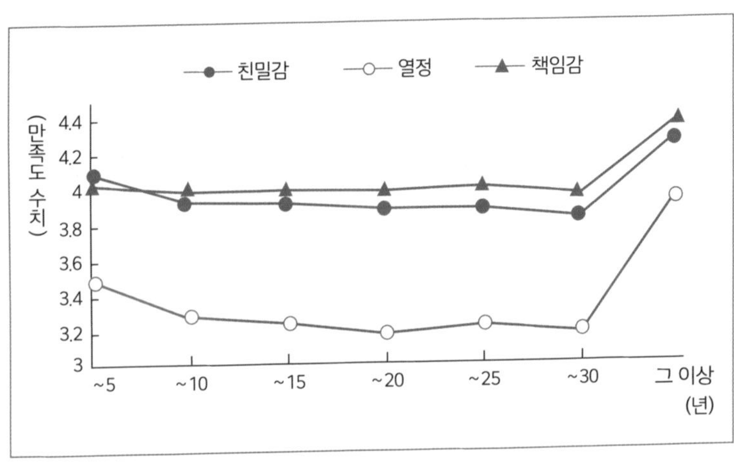

친밀감, 열정 순으로 나타나 한국인들의 사랑은 낭만적 사랑, 즉 열정이 중심이 되는 서구인들의 사랑 개념과 차이가 있는 것으로 나타났다. 연구자들은 이런 결과에 대해 한국인들의 경우 부부는 결혼을 통한 제도적 관계로서의 의미와 중요성이 크고 낭만적 관계의 의미는 비교적 적다는 것을 반영하는 것이라 해석하였다. 아울러 변화의 추이 분석 결과, 친밀감과 열정은 각각 결혼한 지 5년 이후에 감소하기 시작하였다가 결혼 30년 이후부터는 다시 회복세를 나타냈다. 그러나 책임감은 결혼기간 내내 비교적 등락 없이 안정적인 패턴을 나타냈다.

그렇다면 한국인들이 생각하는 이상적인 연애는 어떤 모습일까? 황상민 · 이란희 · 곽수진2015은 한국 사람들이 생각하는 '이상적인 연애'가 무엇인가를 Q 방법론을 적용하여 분석해 4개의 Q 요인들을 추출하였다. 한국인들은 '자신이 지향하는 인생의 목표나 삶의 추구 방향에 따라 생활의 안정'과 '욕망의 충족'이란 두 축을 가지고 연애를 하는 것으로 나타났다.

생활의 안정을 추구하는 연애의 모습은 '결혼'이라는 종착점과 연결되어 있었으며, 이런 연애의 구체적인 패턴은 '생활 연애', '결혼 연애', '부모님용 연애', '의리 연애'의 네 가지로 구분되었다. 본능적 사랑과 직결되어 있는 '욕망의 충족'은 연예 관계의 지속성 여부와 관계의 주체가 누가 되느냐에 따라 'off-연애', '쇼윈도 연애', '보헤미안 연애', '즉흥 연애'로 구분되었다.

친밀감, 열정, 결정/헌신으로 구성된 사랑의 삼각형 이론에서 귀결되는 것은 자신의 파트너와 어떻게 사랑을 완성하고 잘 유지할 것인가의 문제다. 누구나 세 가지 요소가 적절하게 조화되고 안배된 사랑을 추구하기 때문이다. 스테포드와 카나리[65]의 연구에 따르면 관계유형(혼인, 약혼, 진지한 데이트, 데이트)에 따라 파트너와의 관계를 매끄럽게 유지하는 전략에 영향을 미치는 것은 파트너에 대한 긍정성, 확신, 개방성, 일이나 작업의 공유, 소셜 네트워크로 나타났다. 특히 긍정성, 확신, 일의 공유가 파트너에 대한 상호관계성, 좋아함, 만족의 강력한 통제 요소임을 확인시켜 주었다.

삼각형 이론을 적용한 대표적인 예술 콘텐츠는 영화 〈6년째 연애 중〉, 〈냉정과 열정 사이Between Calm And Passion〉, 〈달팽이의 별〉이다. 영화 〈6년째 연애 중〉에서 동료들에게 연애 상담도 잘 해주는 홈쇼핑 PD재영(윤계상)과 연예 지침서 베스트셀러 기획자 다진(김하늘)은 6년간 연애를 하면서 지냈기에 도무지 긴장감을 엿볼 수 없는 오래된 부부 같은 모습이다. 다진과 재영은 서로 친밀감, 열정, 헌신이 완벽하게 조화된 단짝이라 믿고 있다. 발소리만 들어도 눈빛만 봐도 상대의 생각을 알고 심지어 서로 좋아하는 체위까지 몸에 익숙해진 지 오래다.

일과 사랑의 성공. 이들은 이렇게 두 마리의 토끼를 잡으려 하지만 환상 커플의 뜨거운 궁합이 계속될지는 도무지 알 수가 없다. 둘은 낭만적 사랑을 하고 있지만 왠지 마음 한구석에 불안감과 외로움을 느끼고 있기 때문이다. 실제로 다진은 일하면서 디자이너인 진성(신성록)을, 재영은 회사에서 지은(차현정)을 각각 만나 적지 않은 친밀감을 느끼면서 마음이 다소 흔들린다.

서로에 대해 의심과 질투도 한다. 낭만적 사랑이 예전 같지 않음을 실감하고 마음의 동요도 일어난다. 긴장감 없이 서로에게 "나만 바라볼 거지?"라고 말할 수 있을까. 오래된 사랑, 지속되는 사랑, 성숙한 사랑을 뜻하는 '6년'이라는 숫자. 6년이면 연애도 열정 없이 우정과 의리(친밀감)로 하고, 의무감(헌신)으로 하고, 생활로 하게 되는 것인가. 이 영화는 이런 의문에 대한 답을 묻고 있다.

'완전한 사랑'의 고민을 담은 〈냉정과 열정 사이〉와 〈달팽이의 별〉

일본 영화 〈냉정과 열정 사이〉는 친밀감은 물론 뜨거운 사랑, 헌신, 상처, 이별, 그리움, 간절함 등이 파노라마처럼 어우러진 아오이(켈리 첸)와 아카타 준세이(다케노우치 유타카)의 성숙한 사랑 이야기다. 식지 않는 열정과 흡인력이 결국 완전한 사랑을 이루는 동력으로 작용한다는 점이 아름다운 영상과 함께 잘 묘사되었다. 이런 마음이 결국 서로의 사랑을 영원히 단절하기 어렵게 하고, 언젠가 서로를 다시 끌어당기는 에너지로 작용한다는 점을 이야기한다. 다만 우리가 사랑을 하면서 냉정해야 할 때 너무 열정적이었고, 열정적이어야 할 때 너무 냉정했다는 점을 반추하게 하기도 한다.

피렌체의 조반나 선생 밑에서 유화 복원사 과정을 수련하던 준세이는 오래전 헤어진 연인 아오이의 소식을 듣고 그녀를 만나려고 밀라노로 달려간다. 그러나 그녀에게는 이미 새로운 연인이 있었다. 준세이는 아오이의 마음이 냉정하게 변해버린 것을 확인하고 발길을 돌린다. 그는 자신이 작업 중이던 작품이 훼손되는 사건을 계기로 아오이와 추억이 오롯한 일본으로 건너간다. 뒤늦게 아오이에 대한 비밀을 알고 오해를 풀게 된 준세이는 행복을 비는 마지막 편지를 아오이에게 보낸다. 아울러 오래전 사랑을 약속하는 의미로 피렌체 두오모 성당에 같이 가자고 했던 약속을 떠올린다. 영원한 작별을 알릴 무렵, 준세이는 조반나 선생의 자살을 계기로 피렌체로 가서 아오이와 재회한다. 완전한 사랑을 매듭짓기 위한 반전이 시작된 것이다.

다큐멘터리 영화 〈달팽이의 별〉은 시청각 장애인인 조영찬 씨(남)와 척추장애인인 김순호 씨(여)의 삶과 사랑 이야기를 다루고 있다. 사랑의 세 가지 요소를 충족하고도 남을 스토리다. 개봉 당시 국내에서 많은 상영관을 확보하지는 못했지만 작품성을 인정받아 제24회 암스테르담 국제다큐멘터리영화제IDFA 장편 부문 대상을 받았다. 영찬 씨는 보이지 않는 눈과 들리지 않는 귀를 가졌기에 느림보 달팽이처럼 촉각에만 의지하면서 비장애인들이 보기에는 아주 더딘 삶을 산다. 순호 씨는 어릴 때 몸을 다쳐서 척추장애인이 되었다.

둘은 알콩달콩 사랑을 한다. 영찬 씨에게 순호 씨는 자신을 세상 밖으로 이끌어 꿈을 향해 도전할 수 있도록 도와주는 생명줄 같은 존재다. 순호 씨에게 영찬 씨는 마음을 둘 수 있는 편안한 공간이다. 진실, 존중, 배려, 아낌, 여유가 물씬 깃들어 있는 파스텔빛 사랑이다. 집안 전등을 갈 때도, 식사 후 설거지를 할 때도 서로 도우면서 잔잔한 사랑을 뿜어낸다. 켜켜이 쌓여지는 일상의 사랑을 통해 친밀감, 열정, 결정/헌신이 어우러지는 보다 깊은 경지의 사랑이 완성되는 것을 보여준다. 이들은 몸이 불편하여 느림보일 수 있지만 어느 것과 비할 데 없는, 우주에서 가장 아름답고 진실하고 끈끈한 사랑이 있기에 '달팽이의 별'이라 이름을 지은 듯하다.

사랑은 도무지 억누를 수 없게 솟구치는, 거부할 수 없는 욕망이다.

Love is an irresistible desire to be irresistibly desired.

– 로버트 프로스트Robert Frost, 시인

모든 종류의 경계警戒 가운데, 사랑에 대한 경계가 진정한 행복에 가장 치명적일 것이다.

Of all forms of caution, caution in love is perhaps the most fatal to true happiness.

– 버트런드 러셀Bertrand Russell, 《행복의 정복The Conquest of Happiness》에서

사랑에 빠진 두 사람은 세상으로부터 고립되어 있기에 아름답다.

Two people in love, alone, isolated from the world, that's beautiful.

– 밀란 쿤데라Milan Kundera, 작가

(사랑하는 순간) 남자들은 불을 발견했을지도 모르나, 여자들은 그 불을 가지고 노는 법을 발견했다.

Man may have discovered fire, but women discovered how to play with it.

– 캔디스 부쉬넬Candace Bushnell, 〈섹스 앤 더 시티Sex and the City〉에서

사랑은 눈으로 볼 수는 없지만 마음으로 볼 수 있어. 그래서 날개 달린 큐피드는 장님으로 그려지지.

Love looks not with the eyes, but with the mind, And therefore is winged Cupid painted blind.

– 셰익스피어William Shakespeare, 〈한여름 밤의 꿈A Midsummer Night's Dream〉에서

사랑은 언제나 모두의 손이 닿는 제철 과일이다.

Love is a fruit in season at all times, and within reach of every hand.

– 테레사Mother Teresa, 수녀

당신에 대해 모든 것을 알고 있는 친구가 여전히 당신을 사랑하는 사람입니다.

A friend is someone who knows all about you and still loves you.

– 엘버트 허버드Elbert Hubbard, 작가

결혼생활을 불행하게 하는 것은 사랑의 부족이 아니라 우정의 부족 때문이다.

It is not a lack of love, but a lack of friendship that makes unhappy marriages.

– 프리드리히 니체Friedrich Nietzsche, 철학자

모두를 사랑하되, 소수 몇몇만 신뢰하고, 어느 누구에게도 나쁜 짓을 하지 마세요.

Love all, trust a few, do wrong to none.

– 셰익스피어William Shakespeare, 〈끝이 좋으면 다 좋아All's Well That Ends Well〉에서

당신은 당신을 평범한 사람으로 대해 주는 사람과는 절대 사랑하지 마라.

Never love anyone who treats you like you're ordinary.

– 오스카 와일드Oscar Wilde, 극작가

어떤 사람들이 너무 많이 보살펴줄 때, 나는 그것을 사랑이라고 칭한다.

Some people care too much. I think it's called love.

– 앨런 밀른Alan Alexander Milne, 《곰돌이 푸Winnie-the-Pooh》에서

사랑은 서로를 응시하는 것이 아니라, 함께 같은 방향을 내다보는 것이다.

Love does not consist of gazing at each other, but in looking outward together in the same direction.

– 앙투안 드 생텍쥐페리Antoine de Saint-Exupéry, 《에어맨 오디세이Airman's Odyssey》에서

사람들이 사랑에 빠지는 것은 중력과는 무관한 일이다.

Gravitation is not responsible for people falling in love.

– 알베르트 아인슈타인Albert Einstein, 물리학자

진정한 사랑은 희소한 것이며, 삶에 진정한 의미를 부여하는 유일한 것이다.

True love is rare, and it's the only thing that gives life real meaning.

– 니콜라스 스팍스Nicholas Sparks, 《병 속에 담긴 편지Message in a Bottle》에서

로맨스의 본질은 불확실성이다.

The very essence of romance is uncertainty.

– 오스카 와일드Oscar Wilde, 〈진지해지는 것의 중요성The Importance of Being Earnest〉에서

광기가 없는 사랑은 진정한 사랑이 아니다.

When love is not madness it is not love.

– 페드로 칼데론 데 라 바르카Pedro Calderon de la Barca, 극작가

기다릴 것이 아무것도 없다는 것은 끔찍한 일이다.

It's only terrible to have nothing to wait for.

– 에리히 마리아 레마르크Erich Maria Remarque, 《세 전우Three Comrades》에서

주

1 Buss, 1994
2 Fowlker, 1994
3 Morris et al. 1987
4 Fisher, 1988
5 Fisher, 1998
6 Fisher, et al., 2002
7 Hendrick & Hendrick, 1986
8 Hendrick & Hendrick, 1986
9 Lee, 1973; 1976
10 Kalat & Shiota, 2007
11 Kalat & Shiota, 2007
12 Tennov, 1979
13 Fisher et al., 2002
14 Fisher et al., 2002
15 Fisher, 1988
16 Kalat & Shiota, 2007
17 Kalat & Shiota, 2007
18 Fisher & J. A. J., 2007
19 Fisher, 1988
20 Scheele et al, 2012
21 Hall, 1963; 1966
22 Sorokowska et al, 2017
23 Robert Zajonc, 1968
24 정성훈, 2011; 이동귀, 2016
25 Swap, 1977
26 Zola & Squire, 2001; Zajonc, 2001
27 Patrick, 1981
28 김보희, 2013
29 김보희, 2013
30 Murray et al., 1996
31 Harrow, 2011
32 Harrow, 2011
33 Harrow, 2011
34 Fisher, 2004
35 Fisher, 2004
36 Hakim, 2011
37 Weeks, 2014
38 Clark & Hatfied, 1989
39 Trivers, 1972
40 Padden, 2014
41 Padden, 2014
42 Foxnews, 2016
43 Abbeele et al., 2015
44 Padden, 2014
45 Prause, Staley & Finn, 2011
46 Halsey et al., 2010
47 Halsey et al., 2010
48 Rhodes et al., 1998
49 Buss and Schmitt, 1993
50 Halsey et al., 2010
51 Sternberg, 1986
52 Weeks, 2014
53 Hatfield & Walster, 1981
54 Sternberg, 1986
55 Welwood, 2005
56 Mandler, 1980
57 Berscheid, 1983
58 Solomon, 1980
59 Sternberg, 1988
60 Chojnacki & Walsh, 1990
61 Sternberg, 1986
62 Acker & Davis, 1992
63 Lemieux & Hale, 1999
64 Lemieux & Hale, 2002
65 Stafford & Canary, 1991

참고문헌

1장 사랑을 시작할 때

윌리엄 벤 혼, 2004.《완전한 사랑의 7단계(The 7 Steps to Passionate Love: Why Men Are Not from Mars and Women Are Not from Venus)》. 박의순 외 옮김. 서울: 시그마프레스.

Buss, D. M. 1994. The Evolutional of Desire: Strategies of Human Mating. New York. Basic Books.

Fowlkes, M. 1994. Single Worlds and Homosexual Lifestyles: Patterns of Sexuality and Intimacy. In A. Rossi (Ed.), *Sexuality across the Life Course* (pp. 151~184). Chicago : University of Chicago Press.

Fisher, H. E, Aron, A, Mashek D., Li, H, and Brown. L. L. 2002. Defining the Brain System of Lust Defining the Brain Systems of Lust, Romantic Attraction, and Attachment. *Archives of Sex Behavior*. 31(5), pp. 413~419.

Fisher, H. E. 1988. Lust, Romance, Attachment in Mammalian Reproduction. *Human Nature*, 9(1), pp. 23~52.

Fisher, H. E. and J. A. J. Thomson. 2007. "Lust, Romance, Attachment: Do the Side Effects of Serotonin-Enhancing Antidepressants Jeopardize Romantic. Love, Marriage, and Fertility?" in *Evolutionary Cognitive Neuroscience*(edit by Platek, S. M., Keenan, J. P. & Shackelford, T. K.). MA: The MIT Press.

Hall, E. T., 1963. "A System for the Notation of Proxemic Behavior". *American Anthropologist*. 65(5), pp. 1003~1026.

Hall, E. T., 1966. *The Hidden Dimension*. Anchor Books.

Hendrick, C., & Hendrick, S. S. (1986). A Theory and Method of Love. *Journal of Personality and Social Psychology*, 50(2), 392~402.

Kalat, J. W., & Shiota, M. N. 2007. *Emotion*. Belmont, CA: Thomson Wadsworth.

Lee, J. A. 1973. The Color of Love: An Exploration of the Wys of Lving. Don Mills, ON: New Press.

Lee, J. A. 1976 The Color of Love. Eglewood Cliffs, NJ: Prentice Hall.

Morris, N. M., J. R. Udry, F. Khan-Dawood, and M. Y. Dawood. 1987. Marital Sex Frequency and Midcycle Female Testosterone. *Archives of Sexual Behavior*, 16, pp. 27~37.

Scheele, D., Striepens, N., Güntürkün, O., Deutschländer, S., Maier, W., Kendrick, K. M., Hurlemann, R. 2012. "Oxytocin Modulates Social Distance between Males and Females"., *Journal of Neuroscience*, 32(46), pp. 16074~16079.

Sommers, Christina Hoff. 1995. *Who Stole Feminism? How Women Have Betrayed Women*. New York: Simon & Schuster.

Sorokowska, A. Sorokowski, P., Hilpert, P. 2017. *"Preferred Interpersonal Distances: A Global Comparison"*. Journal of Cross-Cultural Psychology. 48(4), pp. 477~592.

Tennov, D. 1979. *Love and Limerence: The Experience of Being in Love*. New York: Stein and Day.

Willens, Vivian Diller with Jill Muir-Sukenick. 2011. *Face It: What Women Really Feel as their Looks Change and What to Do About It: A Psychological Guide to Enjoying Your Appearance at Any Age* (3rd ed., edited by Michele). Carlsbad, Calif.: Hay House.

Wolf, Naomi. 1992. *The Beauty Myth : How Images of Beauty Are Used Against Women*. London : Chatto & Windus.

Wolf, Naomi. 2010. *The Beauty Myth: The Culture of Beauty, Psychology, & the Self*. Los Angeles : Into the Classroom Media.

2장 사랑이 커져갈 때

정성훈. 2011.《사람을 움직이는 100가지 심리법칙》. 서울 : 케이엔제이.

이동귀. 2016.《너 이런 심리법칙 알아?》, 서울 : 21세기북스.

Bornstein, R. F. 1989. "Exposure and Affect: Overview and Meta-analysis of Research, 1968~1987". *Psychological Bulletin*, 106(2), 265~289.

Hakim, Catherine. 2011. *Honey Money : The Power of Erotic Capital*. Allen Lane, London : UK.

Hunt, J. 1965. "Traditional Personality Theory in the Light of Recent Evidence". *American Scientist*, 53, pp. 60~96.

Kunst-Wilson, W. R. & Zajonc, R. B. 1980. *Affective Discrimination of Stimuli That Cannot Be Recognized*. Science.

Swap, W. C. 1977. "Interpersonal Attraction and Repeated Exposure to Rewarders and Punishers". *Personality and Social Psychology Bulletin*. 3(2), pp. 248~251.

Zajonc, Robert B. 1968. "Attitudinal Effects Of Mere Exposure". *Journal of Personality and Social Psychology*. 9(2), pp. 1~27.

Zajonc, Robert B. 1980. "Feeling and Thinking: Preferences Need No Inferences". *American Psychologist*, 35(2), pp. 151~175.

Zajonc, R. B. 2001. "Mere Exposure: A Gateway to the Subliminal". *Current Directions in Psychological Science*. 10(6), p. 224.

Zola, S.M. & Squire, L.R. (2001). "Relationship between Magnitude of Damage to the Hippocampus and Impaired Recognition Memory in Monkeys". *Hippocampus*, 11, pp. 92~98.

3장 사랑에 중독될 때

김민수 · 권다미, 2013.《본능심리이론》, 서울: 지식과 감성.

김보희, 2013. '〈뇌과학 스터디〉 페닐에틸아민, 사랑의 콩깍지를 씌우다', 브레인, 41, 62.

Barton Goldsmith, Ph.D. Emotional Fitness. "10 Ways to Make Your Relationship Magically Romantic". *Psychology Today*. 2010. 10. 30. (https://www.psychologytoday.com/blog/emotional-fitness/201010/10-ways-make-your-relationship-magically-romantic)

Fisher, H. 2004. *Why We Love: The Nature and Chemistry of Romantic Love*. New York: Henry Holt and Company, An Owl Book.

Giddens, A. 1992. *The Transformation of Intimacy Sexuality, Love, and Eroticism in Modern Societies*. Diane Publishing Company.

Gold, J. A., Ryckman, R. M., & Mosley, N. R. 1984. "Romantic Mood Induction and Attraction to a Dissimilar Other: Is Love Blind?". *Personality and Social Psychology Bulletin*, 10(3), pp. 358~368.

Gunther, R. 2013. "How Can Romantic Love Transform Into Long-Term Intimacy?". *Psychology Today*. 2013. 2.10. (https://www.psychologytoday.com/blog/rediscovering-love/201302/how-can-romantic-love-transform-long-term-intimacy)

Hall, J. A. and Taylo,r S. E. 1976. "When love is Blind: Maintaining Idealized Images of One's Spouse". *Human Relations*, 29(8), pp.751~761.

Harrow, J. 2011. "True Love is All Over in 30 Months". *The Times*. (Sunday 25 July 1999)

Linda, B. and Charlie, B. 2015. "13 Ways to Keep Love Alive". *Psychology Today*. 2015. 5. 19. (https://www.psychologytoday.com/blog/stronger-the-broken-places/201505/13-ways-keep-love-alive)

Murray, S. L., Holmes, J. G., & Griffin, D. W. 1996. "The Self-fulfilling Nature of Positive Illusions in Romantic Relationships: Love is not Blind, but Prescient". *Journal of Personality and Social Psychology*, 71(6), pp.1155~1180.

Patrick, R. L. 1981. "Phenylethylamine Effects on Dopamine Synthesis: Structure-activity Relationships". *Biochemical Pharmacology*, 30(2), 15, pp.141~146.

Sabelli, H. C. and A. David Mosnaim, D. A. 1974. "Phenylethylamine

Hypothesis of Affective Behavior". *The American Journal of Psychiatry*, 131(6), pp.695~699.

Willsey, M. 2018. "5 Communication Tips for Romantic Relationships". 〈HowStuffWorks〉. (https://health.howstuffworks.com/relationships/tips/5-communication-tips-for-romantic-relationships2.htm)

4장 사랑이 폭발할 때

Abbeele, J. V. D., Penton-Voak, I. S., Attwood, A. S., Stephen, I.D., Munafò, M. R. 2015. "Increased Facial Attractiveness Following Moderate, But not High, Alcohol Consumption". *Alcohol and Alcoholism*, 50(3), pp.296~301.

Buss, D. M, & Schmitt, D. P. 1993. "Sexual Strategies Theory : An Evolutionary Perspective on Human Mating". *Psychological Review*, 100(2), pp.204~232.

Friedman, R. S., McCarthy, D. M., Förster, J. & Denzler, M. 2005. "Automatic Effects of Alcohol Cues on Sexual Attraction". *Addiction*, 100, pp.672~681.

Clark, R. D., Hatfield, E. 1989. "Gender Differences in Receptivity to Sexual Offers". *Journal of Psychology & Human Sexuality*, 2(1), pp.39~55.

Foxnews, 2016. "Science Confirms 'Beer Goggles' Do Exist, Drinking Makes Us Friendlier". 2016. 9. 20. (http://www.foxnews.com/food-drink/2016/09/20/science-confirms-beer-goggles-do-exist-drinking-makes-us-friendlier.html)

Halsey, L., Huber, J, Bufton, R.D.J, & Little, A. C., 2010. "An Explanation for Enhanced Perceptions of Attractiveness after Alcohol Consumption". *Alcohol*, 44(4), pp.307~313.

Lycia, L. C., Parker, L. L., Penton-Voak, I. S., Attwood, A. S. and Munafo, M. R. 2008. "Effects of Acute Alcohol Consumption on Ratings of Attractiveness of Facial Stimuli: Evidence of Long-term Encoding".

Alcohol and Alcoholism, 43(6), pp.636~640,

Prause, N. Staley, C., & Finn, P. 2011. "The Effects of Acute Ethanol Consumption on Sexual Response and Sexual Risk-Taking Intent". *Archives of Sexual Behavior*, 40, pp.373~384.

Padden, K. 2014. "Why People Look More Attractive When You're Drinking". *todayifoundout*. 2014. 6. 20. (http://www.todayifoundout.com/index.php/2014/06/people-look-attractive-youre-drinking/)

Prause, N, Staley, C, Finn, P. 2011. "The Effects of Acute Ethanol Consumption on Sexual Response and Sexual Risk-Taking Intent". *Archives of Sexual Behavior*, 40, pp.373~384.

Rhodes, G., Proffitt, F., Grady, J. & Sumich, A. 1998. "Facial Symmetry and the Perception of Beauty". *Psychonomic Bulletin & Review*, 5, pp.659~669.

Trivers, R. L. 1972. "Parental Investment and Sexual Selection". In Campbell B (ed.). *Sexual Selection and the Descent of Man*, 1871~1971. Chicago: Aldine, pp.136~179.

Weeks, M. 2014. *Heads Up Psychology*. Great Britain: Dorling Kindersley, Limited.

5장 사랑이 완성될 때

유송영, 2001. '두 남녀 사이에 친밀성(intimacy)의 증가에 따른 호칭·지칭어의 교체 사용과 요인간의 우선순위'《사회언어학》9(2), pp.97~118.

전한얼·권창현·김예진·유설이·김근향. 2016. 'Sternberg 사랑의 삼각이론으로 본 대학생의 연애 경험'.《한국심리학회 학술대회 자료집》, p.376.

최혜경·강진경·신수진. 1999. 'Sternberg의 사랑의 삼각이론의 한국 부부에의 적용'.《한국가정관리학회지》, 17(4), pp.47~59.

황상민·이란희·곽수진. 2015. '한국인이 생각하는 이상적인 연애에 대한 마음의 지도'.《한국심리학회 학술대회 자료집》, p.237.

Berscheid, E. 1983. Emotion. In H. H. Kelley, E. Berscheid, A. Christensen, J. H.

Harvey, T. L. Huston, G. Levinger, et al. (Eds.), *Close Relationships* (pp. 110~168). New York: Freeman.

Hatfield, E. and Walster, G. W. 1981. *A New Look at Love*. Reading, MA: Addison-Wesley.

James M. Graham. 2011. "Measuring Love in Romantic Relationships: A Meta-analysis". *Journal of Social and Personal Relationships*, 28(6), pp.748~771.

Joseph T. Chojnacki. and W. Bruce Walsh. 1990. "Reliability and Concurrent Validity of the Sternberg Triangular Love Scale". *Psychological Reports*, 67(1), pp.219~224.

Lemieux R. and Hale. J. L. 1999. "Intimacy, Passion, and Commitment in Young Romantic Relationships: Successfully Measuring the Triangular Theory of Love". *Psychological Reports*, 85(2), pp.497~503.

Lemieux. R. and Hale. J. L. 2000. "Intimacy, Passion, and Commitment among Married Individuals: Further Testing of the Triangular Theory of Love". *Psychological Reports*, 87(3): pp.941~948.

Lemieux R. & Hale. J. L. 2002. "Cross-Sectional Analysis of Intimacy, Passion, and Commitment : Testing the Assumptions of the Triangular Theory of Love". *Psychological Reports*, 90(3), pp.1009~1014.

Mandler, G. 1980. "The Generation of Emotion: A Psychological Theory". In R. Plutchik, & H. Kellerman (Eds.), *Theories of Emotion*. New York Academic Press.

Marcus Weeks. 2014. *Heads Up Psychology*. Great Britain: Dorling Kindersley Limited.

Michele Acker & Mark H. Davis. 1992. Intimacy, Passion and Commitment in Adult Romantic Relationships: A Test of the TriangularTheory of Love. *Journal of Social and Personal Relationships*, 9(1), pp.21~50.

Stafford, L., & Canary, D. J. (1991). Maintenance Strategies and Romantic Relationship Type, Gender and Relational Characteristics. *Journal of Social and Personal Relationships*, 8(2), pp.217~242.

Solomon, R. L. 1980. The Opponent-process Theory of Acquired Motivation: The Costs of Pleasure and the Benefits of Pain. American Psychologist, 35(8), pp.691~712.

Sternberg, R. J. (1986). A triangular theory of love. *Psychological Review*, 93, pp.119~135.

Sternberg, R. J. (1988) *The Triangle of Love: Intimacy, Passion, Commitment*. New York: Basic Books.

Sternberg, R. (1988). "Triangulating love". In R.J. Sternberg, & M. L. Barnes (Eds.), *The psychology of love* (pp.119~138). New Haven, CT: Yale University Press.

Tennov, D. 1979. *Love and Limerence*. New York: Stein & Day

Welwood, J. 2005. *Perfect Love, Imperfect Relationships: Healing the Wound of the Heart*. Boston, MA: Trumpeter.

그림 출처

19쪽 flickr, PopTech

21쪽 Buss, 1994

23쪽 Fisher, 1998

29쪽 Hendrick & Hendrick, 1986, 재구성

32쪽 Fisher, 1998

40쪽 Van Horn, 2000

46쪽 Hall(1963; 1966) 재구성

55쪽 ©shutterstock

59쪽 ©Associated Press (1967-2-27)

68쪽 Wikimedia Commons

90쪽 tongplus.com (2017-11-22)

100쪽 Wikipedia

108쪽 Wikipedia

135쪽 ©shutterstock

144쪽 유송영(2001)의 연구 결과를 토대로 특정 드라마의 상황을 반영하여 응용

153쪽 Sternberg, 1986

158쪽 Sternberg, 1986

162쪽 ©shutterstock

164~165쪽 Sternberg, 1988

166쪽 Sternberg, 1988

168쪽 Sternberg, 1988

174쪽 최혜경 · 강진경 · 신수진(1999) 인용

찾아보기

ㄹ

ㅁ

ㅂ

ㅅ

ㅇ

ㅎ

우리는 왜 사랑에 빠지고 마는 걸까

—

1판 1쇄 인쇄 2019년 1월 14일

1판 1쇄 발행 2019년 1월 21일

—

지은이 김정섭

—

펴낸이 강동화, 김양선

펴낸곳 반니

주소 서울시 서초구 강남대로 447

전화 02-6004-6881 팩스 02-6004-6951

전자우편 book@banni.kr

출판등록 2006년 12월 18일(제2006-000186호)

—

ISBN 979-11-89653-04-0 03180

—

책값은 뒤표지에 있습니다. 잘못된 책은 구입하신 곳에서 교환해드립니다.

—

이 도서의 국립중앙도서관 출판예정도서목록(CIP)은 서지정보유통지원시스템 홈페이지(http://seoji.nl.go.kr)와 국가자료공동목록시스템(http://www.nl.go.kr/kolisnet)에서 이용하실 수 있습니다.(CIP제어번호: CIP2018041202)